Ansia, Inc.

LEONARDO TAVARES

Ansia, Inc.

ANSIA, INC.

© Copyright 2023 - Leonardo Tavares

Questo titolo può essere acquistato in grandi quantità per uso commerciale o educativo. Per informazioni, si prega di inviare un'email a realleotavares@gmail.com.

Tutti i diritti riservati. Nessuna parte di questo libro può essere riprodotta, archiviata in un sistema di recupero o trasmessa in alcun modo - elettronico, meccanico, fotocopia, registrazione, scansione o altro - tranne che per brevi citazioni in recensioni critiche o articoli, senza il previo consenso scritto dell'editore.

In nessun caso l'editore o l'autore saranno ritenuti responsabili per danni, riparazioni o perdite finanziarie derivanti dalle informazioni contenute in questo libro, direttamente o indirettamente.

Avviso Legale:

Questo libro è protetto da copyright. È solo per uso personale. Non è consentito modificare, distribuire, vendere, utilizzare, citare o parafrasare alcuna parte o contenuto di questo libro senza il consenso dell'autore o dell'editore.

Disclaimer:

Si prega di notare che le informazioni contenute in questo documento sono solo a scopo educativo e di intrattenimento. Sono stati fatti tutti gli sforzi per presentare informazioni accurate, aggiornate e affidabili. Non viene fornita alcuna garanzia di alcun tipo, espressa o implicita. I lettori riconoscono che l'autore non fornisce consulenza legale, finanziaria, medica o professionale. Il contenuto di questo libro è stato derivato da varie fonti. Consultate un professionista autorizzato prima di provare qualsiasi tecnica descritta in questo libro.

Leggendo questo documento, il lettore accetta che, in nessun caso, l'autore sarà responsabile per eventuali perdite, dirette o indirette, sostenute a seguito dell'uso delle informazioni contenute in questo documento, compresi, ma non limitati a, errori, omissioni o imprecisioni.

Prima Stampa 2023

INDICE

Prefazioni 9
1. Introduzione all'universo dell'ansia 11
    Comprendere l'ansia 12
    L'ubiquità dell'ansia nella società moderna 15
    Un invito all'esplorazione 16

2. Società in rapida trasformazione 18
    Impatto dei cambiamenti sociali, tecnologici e culturali nell'aumento dell'ansia 19
    Pressioni della modernità che contribuiscono allo stress e all'incertezza 24

3. Cause dell'ansia 28
    Fattori biologici, genetici e ambientali 29
    Esplorazione dei trigger individuali e collettivi 32

4. Ansia e perfezionismo 38
    La relazione tra la ricerca della perfezione e l'ansia 39
    Strategie per affrontare la necessità di essere perfetti e le sue connessioni con l'ansia 46

5. Impatti sulla salute mentale 52
    Conseguenze psicologiche dell'ansia 53
    Come l'ansia influenza l'autostima e la fiducia in se stessi 57
    Effetti a lungo termine dell'ansia sulla nostra salute mentale ... 63
    Strategie per mitigare gli impatti dell'ansia sulla salute mentale 78

6. Impatti sulla salute fisica 109
Effetti dell'ansia sul nostro corpo 110
Strategie per mitigare gli impatti fisici dell'ansia 117

7. Il circolo vizioso dell'ansia 121
Comprensione del ciclo autoalimentante dell'ansia............... 122
Metodi per rompere il ciclo e promuovere la ripresa............. 136

8. Strategie di autogestione 140
Strategie pratiche per affrontare momenti di forte ansia 141
Tecniche di respirazione, rilassamento e mindfulness per controllare l'ansia... 144

9. Costruire resilienza..........................151
La natura della resilienza... 152
Come sviluppare la resilienza emotiva................................. 152
Come trasformare l'avversità in crescita personale.................155

10. Stile di vita e benessere 167
Strategie per promuovere uno stile di vita più sano e meno ansiogeno.. 168
L'importanza di una dieta equilibrata e dell'attività fisica per controllare l'ansia... 171

11. Tecnologia e ansia 175
Impatto dell'uso ecessivo della tecnologia sull'ansia 176
Strategie per bilanciare l'uso della tecnologia e ridurre il sovraccarico... 179

12. Relazioni e supporto sociale 183
L'influenza dei rapporti nell'ansia.. 184
Strategie per coltivare relazioni salutari e cercare sostegno emotivo 186

13. Ricerca di aiuto professionale **191**
    Importanza di cercare aiuto professionale 192
    Smitizzazione dei tabù legati alla terapia 194

Considerazioni finali **199**
Circa l'autore **201**
Riferimenti **202**

PREFAZIONI

Benvenuti in "Ansia, Inc.", un invito ad esplorare i corridoi complessi del nostro mondo interiore, dove l'ansia si manifesta come un intricato puzzle di emozioni, pensieri e sensazioni. È qui che iniziamo a svelare il tessuto di questa esperienza umana universale, offrendo non solo comprensione, ma anche strategie tangibili per domare questa tempesta emotiva.

Immaginate questo libro come una guida attraverso i tortuosi sentieri dell'ansia. A volte è un labirinto buio, ma c'è sempre luce alla fine del tunnel. Qui, andiamo alla ricerca di quella luce, non solo per dissipare le ombre dell'ansia, ma anche per demistificare ciò che la circonda.

Il percorso inizia con l'analisi di cosa sia l'ansia, poiché comprendere il nostro avversario è il primo passo per sconfiggerlo. Scenderemo a fondo nelle sue manifestazioni, dalle fitte nervose ai pensieri a spirale che sembrano avere vita propria.

Successivamente, ci addentreremo nei sentieri della gestione e del controllo dell'ansia. Dalle tecniche ancestrali di respirazione alle moderne approcci di mindfulness, esploreremo strategie che offrono sollievo e tranquillità nel mezzo della tempesta.

Ma non si tratta solo di sopravvivere all'ansia, ma di prosperare nonostante essa. Lungo queste pagine, scoprirete come trasformare l'ansia in carburante per la crescita personale. È un invito a transcendere e crescere, affrontando le paure a testa alta.

Preparatevi per questa ricca esperienza di auto-scoperta. Apritevi alla possibilità di una vita più leggera e illuminata, dove l'ansia non sarà più un'ombra oscura, ma una nuvola passeggera nel vasto cielo dell'esistenza umana. Siamo pronti a intraprendere questo viaggio insieme. Esploreremo, impareremo e cresceremo. L'ansia non sarà più una prigione, ma una porta verso la liberazione.

1
INTRODUZIONE ALL'UNIVERSO DELL'ANSIA

Aprite il cuore all'universo dell'ansia, dove ogni battito rivela una storia di coraggio e auto-scoperta.

L'ansia è un'esperienza universale che tutti noi, in qualche momento della nostra vita, abbiamo già affrontato. Si manifesta in diverse forme e intensità, dalla preoccupazione quotidiana per le responsabilità fino alla sensazione travolgente di apprensione prima di un evento importante. Nei tempi moderni, l'ansia è diventata una compagna costante per molti, una presenza indesiderata che influenza profondamente e spesso debilita le nostre vite.

L'ansia non è solo uno stato emotivo; è una risposta complessa e sfaccettata del nostro organismo a situazioni percepite come minacciose o stressanti. È una reazione naturale e adattativa che prepara il nostro corpo e la nostra mente ad affrontare sfide. Tuttavia, quando questa risposta diventa eccessiva, sproporzionata o persistente, smette di essere benefica e inizia a compromettere la nostra qualità di vita e il nostro benessere.

In questo capitolo, inizieremo la nostra esplorazione, mirando non solo a definire e comprendere l'ansia nella sua profondità, ma anche a evidenziarne la rilevanza e la frequenza nelle intricate reti della vita moderna.

Sveleremo la natura sfaccettata dell'ansia, rivelando le sue manifestazioni varie ed spesso sottovalutate. Comprendendo la sua definizione e portata, saremo meglio preparati ad affrontare le sfide che essa presenta. Dopotutto, è solo comprendendo la vera natura del nemico che possiamo sviluppare le armi necessarie per superarlo.

COMPRENDERE L'ANSIA

L'ansia può essere descritta come uno stato emotivo caratterizzato da anticipazione, nervosismo e preoccupazione per il futuro. È una risposta emotiva e fisiologica a una minaccia percepita, che essa sia reale o immaginaria. Il corpo entra in uno stato di allerta, rilasciando ormoni come adrenalina e cortisolo per preparare l'organismo all'azione. Questa risposta, conosciuta come "risposta di lotta o fuga", è essenziale per la nostra sopravvivenza e ci aiuta a reagire alle situazioni pericolose.

Tuttavia, in alcune circostanze, questa risposta può essere attivata senza una reale ragione o fuori proporzione alla situazione. È qui che l'ansia diventa un problema. Quando sperimentata in modo cronico o intenso, l'ansia può interferire nella nostra capacità di funzionare nella vita di tutti i giorni, danneggiando le nostre relazioni, il nostro lavoro e la nostra qualità di vita.

La diversità delle manifestazioni dell'ansia

Una delle caratteristiche più intriganti dell'ansia è la sua diversità di manifestazioni. Non si limita a una singola esperienza o sintomo, ma si presenta in varie forme, ognuna con le proprie sfumature e peculiarità. Comprendere questa diversità è essenziale per riconoscere quando l'ansia è presente nelle nostre vite.

Preoccupazione eccessiva: Una delle manifestazioni più comuni dell'ansia è la preoccupazione eccessiva. Questo comporta un costante e travolgente flusso di pensieri su eventi futuri, anche se sono situazioni comuni della vita quotidiana. La mente diventa una fabbrica di scenari negativi, e la sensazione di apprensione è costante.

Tensione muscolare: Un altro segno frequente dell'ansia è la tensione muscolare. L'ansia cronica può portare a rigidità, dolori o disagio fisico dovuti alla costante tensione muscolare. Questo può manifestarsi come mal di testa, dolori alla schiena e persino problemi digestivi.

Irritabilità: L'ansia può anche influenzare le nostre emozioni, rendendoci più irritabili e impazienti. Situazioni che normalmente non ci disturberebbero possono scatenare reazioni sproporzionate a causa dello stato di tensione costante.

Agitazione: La sensazione di agitazione è un'altra faccia dell'ansia. Può essere difficile rilassarsi, sedersi tranquillamente o concentrarsi su un compito specifico.

La mente è sempre in movimento, e la persona può sentire la necessità di fare qualcosa costantemente.

Difficoltà di concentrazione: L'ansia influisce anche sulla nostra capacità di concentrarci. Rimanere concentrati su un compito o assorbire informazioni può essere un compito arduo quando la mente è piena di preoccupazioni.

Fatica: Nonostante sia paradossale, l'ansia può causare una fatica intensa. La costante tensione fisica ed emotiva può esaurire la nostra energia, lasciandoci stanchi e privi di motivazione, anche dopo una notte di sonno adeguato.

Questi sono solo alcuni dei molti modi in cui l'ansia può manifestarsi. È importante capire che l'ansia non è un'esperienza uniforme, e le persone possono viverla in modi diversi. Può essere un'ombra discreta, che aleggia sullo sfondo delle nostre vite, o una tempesta travolgente che ci avvolge completamente.

L'onnipresenza dell'ansia

Per comprendere la rilevanza dell'ansia nella società contemporanea, è fondamentale riconoscere la sua onnipresenza. L'ansia non conosce confini, colpendo persone di tutte le età, origini e stili di vita. Non fa distinzioni tra razze, generi o status sociale. È un fenomeno umano universale, una parte intrinseca dell'esperienza umana.

Inoltre, l'ansia non è confinata a nessun settore specifico della società. Non fa distinzioni tra ricchi e poveri, istruiti e non istruiti, urbani e rurali. È presente in tutti gli strati della società contemporanea, dai ragazzi preoccupati per le loro prestazioni accademiche agli dirigenti sotto pressione per raggiungere ambiziosi obiettivi. Pertanto, l'ansia è una preoccupazione che attraversa tutte le sfere della società.

Di conseguenza, l'ansia non è solo una sfida individuale, ma anche un fenomeno sociale. Modella la nostra cultura, influenza le nostre norme e influisce sulle nostre relazioni.

L'UBIQUITÀ DELL'ANSIA NELLA SOCIETÀ MODERNA

Nei tempi attuali, viviamo in un mondo sempre più veloce e complesso. Le richieste della vita quotidiana, la pressione per il successo, la costante connettività tramite la tecnologia e le incertezze sul futuro contribuiscono a un significativo aumento dei livelli di ansia. Lo stile di vita moderno spesso ci porta a uno stato di sovraccarico, in cui l'equilibrio tra lavoro, svago e auto-cura viene spesso trascurato.

La società moderna ci impone una costante necessità di distinguerci, di raggiungere obiettivi ambiziosi e di mantenere standard elevati in tutti gli aspetti delle nostre vite. I social media, nonostante ci connettano, possono anche scatenare ansia attraverso il costante confronto con gli altri. Siamo osservati, valutati e giudicati in vari modi, 24 ore al giorno, il che può generare una crescente paura di fallire o di non corrispondere alle aspettative imposte su di noi.

La corsa al successo, la competizione esasperata e la ricerca della perfezione sono realtà comuni nelle nostre vite moderne. Tutte queste pressioni possono creare un ciclo di ansia che si auto-alimenta, in cui il bisogno di successo e l'apprensione di non raggiungerlo generano uno stato di stress e ansia cronica.

In questo scenario, l'ansia spesso assume il ruolo di un consigliere scomodo, una voce interiore che ci interroga e ci spinge a raggiungere di più, a essere migliori, a corrispondere alle aspettative, sia le nostre che quelle degli altri. E così, l'ansia si intreccia con la ricerca incessante del successo e l'evitamento persistente del fallimento.

UN INVITO ALL'ESPLORAZIONE

Questo libro è un invito a esplorare il complesso mondo dell'ansia, comprendere le sue radici, i suoi effetti e le sue forme di controllo. Nei prossimi capitoli, esamineremo in dettaglio le cause dell'ansia, gli impatti sulla salute mentale e fisica, i trigger comuni e, soprattutto, le strategie e le tecniche che possono aiutarci ad affrontare questa sfida in modo positivo ed efficace.

Fornendo informazioni, intuizioni e strumenti pratici, il mio obiettivo è quello di abilitarti a riconoscere e gestire l'ansia in modo salutare. Costruiremo insieme un percorso per una vita equilibrata, in cui l'ansia non sia un ostacolo, ma un'opportunità di crescita e auto-sviluppo.

2
SOCIETÀ IN RAPIDA TRASFORMAZIONE

In un mondo in costante mutamento, troviamo forza nell'adattamento e saggezza nell'evoluzione.

Entrare nel cuore della modernità è come lanciarsi in una danza vertiginosa, un movimento incessante in cui la società si reinventa ad ogni passo. Viviamo in un'epoca di trasformazioni travolgenti, un turbine di cambiamenti che spazza via le nostre vite in tutte le dimensioni. Mentre assistiamo a questo scenario in continua evoluzione, siamo sfidati a trovare l'equilibrio delicato tra la necessità di adattamento e la preservazione della nostra salute mentale ed emotiva. È su questo palcoscenico in movimento che l'ansia emerge come una partner indesiderata, un'ombra che ci segue in mezzo a questo cammino tumultuato.

In questo capitolo, ti invitiamo a immergerti profondamente nella danza veloce della modernità, svelando i legami intricati tra le trasformazioni sociali, tecnologiche e culturali e la crescente spirale di ansia che questa accelerazione induce. Ogni passo, ogni svolta in questa danza, lascia segni nella nostra psiche collettiva. È una coreografia che mette alla prova la resistenza della nostra mente e la flessibilità del nostro spirito.

Le trasformazioni sociali scatenano onde di cambiamenti culturali, che a loro volta trovano riscontro nell'evoluzione tecnologica. Internet, i social media e l'intelligenza artificiale modellano non solo le nostre interazioni, ma anche il modo in cui percepiamo la realtà e persino noi stessi. Tuttavia, questo progresso frenetico ha il suo prezzo, e l'ansia diventa un costante eco in mezzo a questo progresso. Si insinua nelle nostre vite, alimentata dalle incertezze e dal ritmo accelerato di questa danza della modernità. Impareremo a danzare con la modernità, a trovare l'armonia tra la velocità dei cambiamenti e la pace interiore, e a trasformare questa danza vertiginosa in un movimento di resilienza e crescita.

IMPATTO DEI CAMBIAMENTI SOCIALI, TECNOLOGICI E CULTURALI NELL'AUMENTO DELL'ANSIA

I cambiamenti sociali, tecnologici e culturali che caratterizzano la modernità hanno un profondo impatto sull'aumento dei livelli di ansia nella nostra società contemporanea. Esploreremo dettagliatamente ciascuna di queste dimensioni per comprendere la complessità di questa interazione e le sue conseguenze sulla salute mentale.

Trasformazioni sociali

La società è in costante trasformazione, e i cambiamenti sociali sono uno dei principali driver dell'ansia. Man mano che le vecchie strutture e norme vengono sfidate e ridefinite, sorge un senso di incertezza e instabilità. La rivoluzione nei ruoli di genere, la diversità, la migrazione di massa e altri fenomeni sociali aggiungono ulteriore complessità alle interazioni umane.

Questa interazione tra individui e una società in evoluzione può portare all'ansia, specialmente per coloro che si sentono persi o sopraffatti dal ritmo dei cambiamenti sociali. La pressione per adattarsi alle nuove norme ed aspettative può generare un senso di inadeguatezza, contribuendo all'ansia.

La rivoluzione tecnologica

La rivoluzione tecnologica, pur offrendo una connettività senza precedenti, introduce anche una serie di sfide emotive e mentali. L'uso estensivo di dispositivi elettronici e la costante presenza online possono portare all'overload di informazioni e alla sensazione di essere sempre "connessi".

Inoltre, i social media creano un ambiente favorevole al confronto costante con gli altri, portando ad un aumento dell'ansia sociale. La necessità di mantenere un'immagine idealizzata online può generare una pressione intensa per essere percepiti in modo positivo dagli altri, con conseguente ansia da prestazione.

Cambiamenti culturali

I cambiamenti culturali sono una parte integrante della dinamica della società moderna, plasmando le nostre percezioni, comportamenti e interazioni. La cultura contemporanea è in continua evoluzione, e questa trasformazione ha profonde implicazioni su come percepiamo e viviamo la vita, influenzando a sua volta la nostra salute mentale.

Una delle caratteristiche distintive dei cambiamenti culturali è il passaggio da una mentalità collettivista a una cultura più incentrata sull'individuo. La valorizzazione dell'autonomia e della ricerca del successo personale è diventata una narrativa dominante. Sebbene ciò abbia portato libertà ed empowerment, ha anche creato una pressione aggiuntiva su ciascun individuo.

L'idea di "realizzazione personale" può generare ansia poiché le persone si sentono sotto pressione per raggiungere standard elevati e soddisfare le aspettative non solo della società, ma anche di se stesse. La ricerca incessante di obiettivi personali spesso può portare a una costante insoddisfazione e, di conseguenza, all'ansia.

La cultura contemporanea è anche profondamente radicata nella ricerca del consumismo e nell'acquisizione continua di nuove esperienze. Viviamo in una società che promuove l'idea che accumulare più cose e cercare nuove esperienze ci porterà felicità e soddisfazione completa.

Tuttavia, questa ricerca incessante e spesso irrealistica di uno stato ideale di vita può generare ansia. La sensazione di insoddisfazione cronica derivante dalla cultura del consumismo può portare a un ciclo di ansia, poiché non ci sentiamo mai pienamente soddisfatti di ciò che abbiamo o abbiamo raggiunto. Questo può creare una costante pressione per acquisire di più e raggiungere uno standard inarrivabile di "felicità".

I cambiamenti culturali influenzano anche le nostre relazioni interpersonali e il nostro senso di comunità. Viviamo in un'epoca in cui le relazioni sono spesso mediate dalla tecnologia e dove le connessioni fisiche possono essere sostituite da interazioni digitali. Ciò ha un profondo impatto sulla nostra percezione di appartenenza e solitudine.

La ridefinizione dei legami sociali può generare ansia, specialmente per coloro che si sentono disconnessi o isolati in mezzo a questa trasformazione. La pressione per mantenere una presenza online idealizzata può creare un senso di inautenticità e contribuire all'ansia sociale.

Questi cambiamenti culturali, che promuovono l'individualità, il consumismo e la ridefinizione delle nostre relazioni, sono interconnessi e influenzano le nostre esperienze quotidiane. Comprendendo il ruolo che la cultura gioca nell'ansia moderna, possiamo sviluppare strategie efficaci per affrontare questa sfida, promuovendo un approccio più equilibrato e salutare alla vita contemporanea.

Intersezione e connessione

L'intersezione e la connessione tra le dimensioni dei cambiamenti sociali, tecnologici e culturali creano un ambiente complesso che influenza significativamente la nostra salute mentale ed emotiva. Questa sinergia amplifica gli effetti di tali cambiamenti, comportando un impatto cumulativo sull'aumento dell'ansia nella società contemporanea.

Le trasformazioni sociali, tecnologiche e culturali sono intrinsecamente intrecciate, formando una rete complessa di influenze. Le trasformazioni sociali modellano le interazioni umane, e le innovazioni tecnologiche influenzano direttamente il modo in cui ci comunichiamo, lavoriamo e ci relazioniamo. Questi cambiamenti sono amplificati dalle evoluzioni culturali che ridefiniscono i nostri valori, aspettative e aspirazioni.

La rapida evoluzione tecnologica, ad esempio, influisce direttamente sulle nostre interazioni sociali. L'uso diffuso di dispositivi elettronici e dei social media spesso porta a una diminuzione della qualità e della profondità delle relazioni interpersonali, con impatti negativi sul nostro benessere emotivo.

Questa interconnessione e interdipendenza dei cambiamenti moderni comporta un impatto cumulativo sull'ansia. L'individuo contemporaneo, costantemente immerso in questo ambiente di rapidi e interconnessi cambiamenti, spesso sperimenta uno stato di ansia cronica.

Comprendere questa interconnessione è fondamentale per affrontare l'ansia in modo efficace. Le strategie di gestione e le interventi devono considerare la complessa interazione tra tutti questi aspetti. È una sfida trovare un equilibrio tra sfruttare i benefici di questi cambiamenti e mitigare gli impatti negativi sulla nostra salute mentale ed emotiva.

La ricerca di questo equilibrio è cruciale per promuovere un approccio più sano e sostenibile alla vita contemporanea. Dobbiamo imparare a utilizzare la tecnologia in modo consapevole, ad abbracciare i cambiamenti sociali in modo equilibrato e a mettere costantemente in discussione e ridefinire i nostri valori culturali. Solo attraverso questo equilibrio e la comprensione dell'interconnessione tra queste dimensioni possiamo affrontare l'ansia in modo olistico e cercare una vita equilibrata e appagante nell'era moderna.

PRESSIONI DELLA MODERNITÀ CHE CONTRIBUISCONO ALLO STRESS E ALL'INCERTEZZA

La modernità ha portato con sé una serie di progressi e benefici per la società, ma ha anche introdotto pressioni uniche che possono contribuire allo stress e all'insicurezza nella vita delle persone. Esploreremo in dettaglio queste pressioni per comprendere come influenzino la salute mentale ed emotiva nel mondo contemporaneo.

Una delle pressioni più urgenti della modernità è la velocità con cui le cose cambiano. La tecnologia avanza a un ritmo esponenziale, le aspettative sociali e professionali sono sempre in aumento e la vita di tutti i giorni è diventata incredibilmente frenetica. Questa rapida trasformazione crea una costante necessità di adattamento e apprendimento, il che può generare stress cronico poiché le persone lottano per tenere il passo.

Le aspettative crescenti in tutti gli aspetti della vita, dal rendimento lavorativo alle interazioni sociali e alla ricerca della felicità personale, possono creare una pressione costante per soddisfare standard spesso irraggiungibili, generando un ciclo di stress e ansia.

Viviamo nell'era dell'informazione, in cui siamo sommersi da una quantità senza precedenti di dati e contenuti attraverso Internet e i social media. Sebbene ciò offra opportunità preziose, genera anche un sovraccarico informativo. Tentare di elaborare e assimilare costantemente questo flusso incessante di dati può essere schiacciante, portando a uno stato di ansia e incertezza sul nostro comprensione del mondo.

Inoltre, la dipendenza dalla tecnologia per la comunicazione e le attività quotidiane può creare un senso di insicurezza quando siamo offline o quando la nostra privacy è compromessa. La paura di rimanere "scollegati" può contribuire all'ansia.

La modernità promuove spesso una cultura di competizione e costante confronto. Sia nella sfera professionale che in quella personale, le persone si ritrovano spesso in una corsa incessante per raggiungere obiettivi, acquisire beni materiali e raggiungere standard di vita elevati. L'esposizione costante alle realizzazioni e agli stili di vita apparentemente ideali degli altri, amplificata dai social media, può creare una pressione per competere e confrontarsi, portando a un senso di inadeguatezza e stress cronico.

Questa cultura competitiva può anche influenzare la salute mentale poiché le persone si sentono costantemente valutate dagli altri e dalla società, risultando in una costante ricerca di approvazione e accettazione.

La nuova realtà richiede un impegno estremo nella vita professionale, con lunghe ore di lavoro e costante connettività a Internet. Il bilanciamento tra vita professionale e privata può diventare una sfida, generando stress a causa della pressione di soddisfare le richieste in entrambe le sfere.

La mancanza di tempo per attività ricreative, l'autocura e il riposo adeguato contribuisce allo stress cronico e all'ansia. L'incapacità di staccarsi dal lavoro può portare a uno stato di stress costante, con impatti negativi sulla salute mentale.

Queste pressioni della modernità sono interconnesse e rappresentano sfide significative per la salute mentale ed emotiva. È fondamentale cercare un equilibrio tra sfruttare i progressi e i benefici offerti dalla modernità, sviluppando nel contempo strategie efficaci per mitigare lo stress e l'insicurezza che accompagnano questo stile di vita frenetico e impegnativo.

Mentre concludiamo questa esplorazione sulla società in rapida trasformazione, è evidente che siamo immersi in un'era di cambiamenti vertiginosi. La danza della modernità è complessa, impegnativa e spesso travolgente. Le trasformazioni sociali, tecnologiche e culturali sono intrinsecamente intrecciate, creando uno scenario che influenza in modo significativo la nostra salute mentale ed emotiva. Le pressioni della modernità sono reali, e le loro ramificazioni sull'ansia sono tangibili.

Tuttavia, questo capitolo ci invita anche a trovare un equilibrio tra l'adattamento a questo ritmo frenetico e la salvaguardia della nostra salute mentale. Comprendendo l'interconnessione di questi cambiamenti e il loro impatto cumulativo, siamo in una posizione migliore per affrontare le sfide che la modernità ci presenta. Il nostro obiettivo ora è esplorare le radici e i fondamenti dell'ansia su un livello più profondo. È ora di indagare sulle cause multifacettate che scatenano e alimentano l'ansia nella nostra vita. Sveleremo gli strati di questa complessa emozione e scopriremo modi per ripristinare la calma e l'equilibrio in mezzo a questa sfida contemporanea.

3

CAUSE DELL'ANSIA

Alle radici dell'ansia, scopriamo la fonte,
ma anche il seme della sopraintendenza.

Nel tessuto complesso dell'esperienza umana, l'ansia emerge come un elemento centrale. È un'emozione che può manifestarsi in modi diversi, da un sussurro appena percettibile di apprensione a un ruggito assordante di terrore.

Al cuore delle cause dell'ansia ci sono i meccanismi biologici del nostro corpo, dove la danza delle molecole e dei segnali elettrici nel cervello determina la nostra risposta emotiva. Anche i nostri geni, i mattoni della nostra esistenza, svolgono un ruolo nella nostra inclinazione all'ansia. Ma l'ansia non si limita alle viscere della biologia; essa si manifesta nella nostra psiche, plasmata dalle nostre esperienze passate, dai nostri schemi di pensiero e dalle nostre caratteristiche di personalità.

Tuttavia, l'ansia non è un'entità solitaria. Essa è influenzata dal nostro ambiente, dalle tensioni sociali della nostra era moderna e dallo stile di vita che abbiamo scelto. Lo stress costante, le implacabili pressioni sociali e l'incessante flusso di informazioni nell'era digitale sono diventati parte integrante della nostra vita quotidiana, svolgendo un ruolo vitale nell'amplificare l'ansia. Queste influenze si intrecciano, creando una sinfonia dissonante di ansia nelle nostre vite.

Man mano che sveliamo questa complessa rete di cause, diventa evidente che l'ansia non è una semplice conseguenza delle nostre azioni o del caso; è una risposta intricata a un insieme complesso di influenze. L'ansia può essere vista come un'eco della nostra biologia, delle nostre interazioni sociali e delle nostre esperienze di vita. Essa si manifesta in tutti gli aspetti del nostro essere, dai circuiti del nostro cervello alle situazioni della nostra vita quotidiana.

In questo capitolo, sveleremo ciascuna di queste cause, esploreremo le loro sfumature e capiremo come contribuiscono alla complessa trama dell'ansia. Alla fine, comprendere le cause è il primo passo cruciale per sviluppare strategie efficaci di gestione.

FATTORI BIOLOGICI, GENETICI E AMBIENTALI

L'ansia è un fenomeno risultante da una complessa interazione di fattori biologici, genetici e ambientali. La comprensione di queste influenze è essenziale per sviluppare strategie di gestione e trattamento più efficaci al fine di affrontare l'ansia in modo olistico. Approfondiamo la nostra comprensione di ciascuno di questi fattori fondamentali.

Fattori biologici

L'ansia ha una solida base biologica, con il cervello al centro dell'elaborazione di questa emozione. I neurotrasmettitori come la serotonina, la noradrenalina e il GABA svolgono ruoli cruciali. Ad esempio, la serotonina è legata alla regolazione dell'umore e delle emozioni. Lo squilibrio di questi neurotrasmettitori può portare a una risposta eccessivamente ansiosa, tipica dei disturbi d'ansia.

Oltre ai neurotrasmettitori, il sistema nervoso centrale, in particolare il cervello e il midollo spinale, svolge un ruolo cruciale nella regolazione dell'ansia. Parti specifiche del cervello, come l'amigdala e il cortex prefrontale, sono particolarmente coinvolte nell'elaborazione e nella risposta all'ansia.

L'ormone cortisolo, rilasciato in risposta allo stress, svolge un ruolo significativo nello sviluppo dei disturbi d'ansia. Livelli cronici elevati di cortisolo possono influenzare la salute mentale, aumentando la sensibilità allo stress e la probabilità di sperimentare ansia.

Fattori genetici

L'ansia, come molti aspetti della nostra salute, è strettamente connessa alla nostra genetica. Studi rivelano che l'ansia ha una base genetica significativa. La predisposizione ai disturbi d'ansia può essere ereditata geneticamente, portando con sé un'eredità che influenza la vulnerabilità individuale. Determinati geni svolgono un ruolo cruciale in questo processo, modellando il funzionamento del nostro cervello e la regolazione delle emozioni.

Un'ascendenza familiare di disturbi d'ansia può aumentare la probabilità che qualcuno sviluppi ansia. Geni specifici che sono coinvolti nella regolazione dei neurotrasmettitori, nella risposta allo stress e nella regolazione emotiva possono essere trasmessi di generazione in generazione. Questi geni plasmano la nostra reattività a situazioni di stress e sfide emotive, influenzando direttamente la nostra suscettibilità all'ansia.

Fattori ambientali

Tuttavia, l'ansia non è una storia scritta solo nei geni; è una narrazione complessa e sfaccettata che considera anche l'ambiente che ci circonda. Le nostre esperienze e le esposizioni ambientali svolgono un ruolo fondamentale nello plasmare l'ansia che proviamo.

Essere esposti a situazioni ad alta pressione, ambienti tossici o eventi traumatici può fungere da scintilla per l'ansia. L'impatto dell'ambiente non può essere sottovalutato, poiché esperienze come traumi, abusi, instabilità familiare, violenza o persino catastrofi naturali possono avere effetti profondi e duraturi sulla nostra salute mentale.

Pertanto, l'ansia è una complessa interazione tra la nostra predisposizione genetica e le esperienze che viviamo. È come una danza delicata tra i nostri geni e il mondo che ci circonda, una danza che modella l'esperienza unica dell'ansia di ogni persona. Comprendere questa interconnessione ci aiuta ad affrontare l'ansia in modo più olistico ed efficace.

ESPLORAZIONE DEI TRIGGER INDIVIDUALI E COLLETTIVI

L'ansia, complessa e sfaccettata, può essere scatenata da una varietà di fattori, sia a livello individuale che collettivo. Questi trigger svolgono un ruolo fondamentale nell'insorgenza e nell'intensità dei sintomi d'ansia. Esploreremo in dettaglio gli aspetti individuali e collettivi che contribuiscono a questa risposta emotiva.

Trigger individuali

L'ansia, una risposta complessa del corpo e della mente agli stimoli esterni o interni, può essere scatenata da diversi fattori. Approfondiamo ulteriormente i trigger individuali, che hanno origine a livello personale e hanno un impatto significativo sulla manifestazione dell'ansia.

Condizioni di salute mentale concomitanti: Disturbi mentali come depressione, disturbo bipolare o disturbo da stress post-traumatico possono essere interconnessi con l'ansia. La presenza di una condizione può aggravare l'ansia e viceversa, creando un ciclo complesso.

Personalità: Alcune caratteristiche della personalità, come perfezionismo, eccessiva timidezza e tendenze al controllo, possono essere associate a un maggiore rischio di sviluppare disturbi d'ansia.

Traumi ed esperienze personali: Traumi ed esperienze passate sono potenti trigger per l'ansia. Eventi traumatici, specialmente nell'infanzia, possono creare un terreno fertile per lo sviluppo di disturbi d'ansia in età adulta. Questi eventi possono lasciare profonde cicatrici nella nostra psiche, portando a una risposta esagerata di ansia in situazioni simili.

Fobie e paure specifiche: Le fobie sono comuni trigger d'ansia. La paura intensa e irrazionale di situazioni o oggetti specifici, come l'altezza, i ragni, il volo, tra gli altri, può portare a elevati livelli di ansia quando ci si confronta con questi elementi.

Stile di pensiero e modelli cognitivi: Il modo in cui pensiamo è anch'esso un fattore cruciale. Modelli di pensiero negativi, come la catastrofizzazione (aspettarsi sempre il peggio), la generalizzazione (estrapolare un evento negativo a tutte le situazioni) e il pensiero polarizzato (vedere tutto in bianco o nero, senza mezzi termini), possono contribuire all'ansia cronica.

Aspettative e pressioni personali: Le pressioni per soddisfare le aspettative personali e sociali, come raggiungere obiettivi professionali, mantenere elevati standard di prestazioni o svolgere ruoli sociali specifici, possono scatenare l'ansia. La preoccupazione per il fallimento o la mancanza di accettazione può essere intensa.

Modelli di pensiero negativi: Modelli di pensiero disfunzionali, come il pensiero catastrofico, l'aspettativa costante del peggio o la previsione di esiti negativi, possono scatenare l'ansia in modo continuo. L'interpretazione negativa di eventi ed esperienze può portare a preoccupazioni ed ansie eccessive.

Condizioni di salute fisica: Condizioni di salute fisica, come problemi cardiaci, disturbi respiratori o malattie croniche, possono scatenare l'ansia. La preoccupazione per la salute e la sensazione di mancanza di controllo sul corpo possono portare a un aumento dell'ansia.

Consumo di sostanze: L'uso di sostanze come alcol, droghe illecite o determinati farmaci può scatenare l'ansia. Alcune sostanze possono influenzare l'equilibrio chimico del cervello, portando a sintomi d'ansia.

Ogni individuo possiede una combinazione unica di trigger individuali che influenzano la sua ansia. La comprensione di questi fattori è essenziale per una gestione efficace dell'ansia.

Trigger collettivi

I trigger collettivi dell'ansia sono fattori che operano a livello sociale, culturale o di gruppo, esercitando un'influenza significativa sull'ansia sperimentata da una comunità o società. Approfondiremo la nostra comprensione di questi trigger, evidenziando la loro interconnessione con la salute mentale ed emotiva collettiva.

Eventi sociali e culturali traumatici: L'occorrenza di eventi traumatici in una società, come guerre, terrorismo, catastrofi naturali o epidemie, può generare ansia diffusa. L'incertezza, la paura dell'ignoto e il senso di insicurezza derivanti da tali eventi possono scatenare ansia a livello di popolazione.

Pressioni della società moderna: La società moderna, spesso incentrata sul successo, sulla competitività e sugli standard di perfezione, può generare ansia in molti individui. La costante pressione per raggiungere obiettivi professionali, soddisfare aspettative sociali e mantenere un'immagine pubblica accettabile può creare un ambiente ansioso e stressante.

Stress economici: L'instabilità economica, la disoccupazione, i debiti e le preoccupazioni finanziarie influenzano una parte significativa della popolazione. L'incertezza sul futuro finanziario e la pressione per mantenere uno standard di vita possono portare a elevati livelli di ansia in una comunità.

Pressioni culturali: Alcune culture possono imporre specifiche pressioni che contribuiscono all'ansia. Aspettative culturali legate al matrimonio, ai figli, ai ruoli di genere o al successo professionale possono generare ansia nelle persone che si sentono incapaci di soddisfare tali aspettative.

Stigmatizzazione e discriminazione: La discriminazione razziale, di genere, legata all'orientamento sessuale o sociale può causare ansia collettiva in gruppi emarginati. Lo stigma sociale e l'esclusione possono creare un ambiente di ansia persistente in tali comunità.

Pressioni educative: I sistemi educativi competitivi possono essere significativi trigger d'ansia, specialmente negli studenti. Le aspettative di performance, la competizione costante e la pressione per avere successo accademicamente possono portare a elevati livelli di ansia.

Norme sociali e comportamentali: Norme sociali rigide o aspettative comportamentali possono creare ansia nelle persone che non si conformano o temono il rifiuto sociale a causa delle loro differenze. La necessità di adattarsi a determinati standard può generare ansia su vasta scala.

È fondamentale riconoscere che questi fattori non operano in modo isolato. Sono interconnessi e possono rinforzarsi a vicenda. Ad esempio, lo stress cronico può influire negativamente sulla neurochimica del cervello, e i modelli di pensiero negativi possono emergere come risultato dello stress prolungato.

Esposizione ai social media e alle notizie: L'esposizione costante a notizie negative, disastri e tragedie tramite i social media e altri mezzi di comunicazione può contribuire all'ansia collettiva. L'impatto emotivo dell'eccesso di informazioni e il confronto costante con altre persone possono amplificare l'ansia.

I trigger collettivi dell'ansia riflettono l'interazione complessa tra individui e società. Essi illustrano come la cultura, l'economia, le norme sociali e altri fattori sociali possano influenzare la salute mentale di una comunità. La comprensione di queste influenze sociali è fondamentale per costruire un mondo in cui l'ansia sia compresa e trattata in modo olistico e sensibile alle esigenze collettive.

In questo capitolo, abbiamo esplorato le complessità dei fattori biologici, genetici e ambientali che contribuiscono alla spirale d'ansia. Ora è il momento di concentrare la nostra attenzione su uno degli aspetti più prominenti e impegnativi dell'ansia nella società moderna: il perfezionismo. Nel prossimo capitolo, esploreremo l'universo del perfezionismo e scopriremo come esso sia intrinsecamente legato all'ansia, nonché come possiamo trovare un equilibrio sano tra la ricerca dell'eccellenza e la nostra salute mentale.

Il cammino verso la comprensione dell'ansia continua, con la speranza che ogni passo ci avvicini sempre di più a una vita piena e gratificante, libera dalle catene dell'ansia.

4
ANSIA E PERFEZIONISMO

Sfida il perfezionismo, celebra i progressi e libera-te dalle catene dell'aspettativa infinita.

La ricerca incessante della perfezione, una ricerca che percorre i corridoi delle nostre ambizioni e aspettative, è una danza intricata e spesso angosciante che molti di noi compiono nelle loro vite. È una danza che inizia con il nobile desiderio di raggiungere l'eccellenza, ma che può rapidamente diventare una trappola emotiva, intrappolandoci in un ciclo implacabile di ansia.

Al cuore di questa ricerca si trova il perfezionismo, un attributo che può essere sia un amico che un nemico. Nella sua forma più nobile, il perfezionismo può motivarci a cercare il meglio in noi stessi, a cercare la maestria e a perfezionare le nostre abilità. Tuttavia, nella sua forma più sfidante, diventa una camicia di forza che soffoca l'accettazione di noi stessi, ci fa prigionieri di standard impossibilmente alti e ci getta in un mare di ansia.

Questo capitolo è una profonda esplorazione di questa interconnessione tra ansia e perfezionismo. Sveleremo le radici di questo desiderio insaziabile di perfezione e come spesso sia il silenzioso precursore dell'ansia che ci tormenta. Esamineremo le profonde origini, i modelli di pensiero che lo alimentano e le trappole emotive in cui ci incateniamo quando ci sforziamo implacabilmente per l'eccellenza.

Man mano che ci immergiamo in questa esplorazione, affronteremo strategie efficaci per affrontare e riorientare il perfezionismo in modo più sano. Impareremo a ballare con la ricerca dell'eccellenza senza perderci nella coreografia dell'ansia. Dopotutto, è possibile cercare la maestria senza lasciare indietro la nostra salute mentale. È possibile ridefinire il significato della perfezione, abbracciando la nostra umanità e celebrando i progressi invece della perfezione.

LA RELAZIONE TRA LA RICERCA DELLA PERFEZIONE E L'ANSIA

La relazione tra la ricerca della perfezione e l'ansia è un'interazione complessa e spesso conflittuale tra i nostri desideri di raggiungere standard elevati e la pressione psicologica che questa ricerca esercita su di noi. Approfondiremo ulteriormente questa relazione, svelando i meccanismi psicologici che la alimentano.

Idealizzazione e pressione interna

L'idealizzazione inizia con la creazione di uno standard ideale nelle nostre menti, spesso irraggiungibile e irrealistico. Immaginiamo la persona perfetta che vogliamo diventare, gli obiettivi perfetti che vogliamo raggiungere e la vita perfetta che vogliamo condurre.

Questa visione idealizzata crea una pressione interna schiacciante. Sentiamo un intenso bisogno di raggiungere questi standard a ogni costo, il che può portare a un'ansia costante. Più ci sforziamo di raggiungere questa perfezione immaginaria, più diventiamo ansiosi. La costante paura di non essere all'altezza di queste aspettative irraggiungibili ci tormenta quotidianamente.

Questa pressione interna può portare a una serie di conseguenze per la nostra salute mentale. Dall'alto livello di stress e ansia ai sentimenti di inadeguatezza e bassa autostima. La costante lotta per soddisfare questi standard può influire sulla nostra felicità e soddisfazione nella vita.

Per combattere questa trappola dell'idealizzazione e della pressione interna, è fondamentale sviluppare una prospettiva più realistica e compassionevole su noi stessi. Ciò include l'accettazione delle nostre imperfezioni e la comprensione che il progresso è più importante della perfezione. Imparare a valorizzare i nostri percorsi e i nostri successi, per quanto piccoli, è essenziale per alleviare questa pressione implacabile e condurre una vita più equilibrata e felice.

Paura del giudizio e della reiezione sociale

Il perfezionismo spesso ha le sue radici nella paura del giudizio negativo degli altri. In una società in cui l'immagine che proiettiamo è altamente valorizzata, qualsiasi deviazione da questa immagine idealizzata è spesso vista come un fallimento.

Questa costante paura di essere valutati e criticati dagli altri può portare a un'ansia paralizzante. La paura di non corrispondere alle aspettative della società o di essere visti come meno che perfetti può impedirci di agire in modo autentico. Possiamo sentire una pressione schiacciante per nascondere le nostre imperfezioni e insicurezze, il che porta a una rappresentazione distorta di noi stessi.

Questa ansia legata al giudizio sociale può avere un impatto profondo sulla nostra salute mentale. Può innescare un circolo vizioso di autoesigenza, in cui cerchiamo di soddisfare standard inattuabili per evitare il giudizio altrui. Ciò, a sua volta, può aumentare i livelli di stress e ansia, danneggiando la nostra autostima e il benessere emotivo.

Per superare questa paura paralizzante, è essenziale lavorare sull'accettazione della nostra autenticità. Ciò implica il valore della nostra vera essenza, comprese le nostre imperfezioni, e riconoscere che è impossibile piacere a tutti. Sviluppare la fiducia in se stessi e imparare a non dipendere eccessivamente dalla validazione esterna sono passi cruciali per spezzare il ciclo della paura del giudizio e del rifiuto sociale.

Autoesigenza

L'autoesigenza è la costante ricerca della perfezione, la necessità di raggiungere obiettivi ambiziosi e di essere impeccabili in tutto ciò che facciamo. Questo desiderio di eccellenza può trasformarsi in una fonte significativa di ansia.

Stabilendo standard molto elevati, creiamo una costante pressione interna per raggiungere queste aspettative elevate. Vogliamo essere i migliori, sia professionalmente che personalmente, e spesso non ci permettiamo di fallire o di commettere errori. Questa rigidità nei nostri confronti può portare a un notevole carico di stress e ansia.

La paura di non soddisfare le nostre aspettative può diventare una fonte debilitante di ansia. Sentiamo una pressione costante per essere perfetti e, quando non raggiungiamo questo ideale, ci sentiamo inadeguati e insufficienti. Questo ciclo di autoesigenza e ansia può essere altamente dannoso per la nostra salute mentale.

Per affrontare l'autoesigenza e i suoi impatti sull'ansia, è essenziale rivalutare e aggiustare le nostre aspettative. Dobbiamo imparare a essere compassionevoli verso noi stessi, accettando che siamo esseri umani e, quindi, soggetti a errori e imperfezioni. È importante stabilire obiettivi realistici e raggiungibili, riconoscendo che il progresso è più importante della perfezione.

Inoltre, lo sviluppo di una mentalità di crescita, in cui vediamo le sfide come opportunità di apprendimento e crescita, può aiutarci a gestire l'autoesigenza in modo più sano. Cercare il supporto di un professionista della salute mentale può anche essere fondamentale per imparare strategie efficaci per gestire l'autoesigenza e ridurre l'ansia ad essa associata.

Confronto e competizione incontenuta

Il costante confronto con gli altri e la competizione sfrenata possono avere significativi effetti sulla nostra salute mentale ed emotiva. L'era digitale e la diffusione dei social media hanno portato una nuova cornice in cui le persone condividono le loro realizzazioni, viaggi, successi professionali e aspetti positivi delle loro vite pubblicamente. L'esposizione costante a queste informazioni può creare una sensazione di pressione per raggiungere tali standard o superare i successi altrui.

Il confronto con gli altri è un comportamento naturale e in molti casi può fungere da stimolo per sforzarci e raggiungere i nostri obiettivi. Tuttavia, quando tale confronto diventa ossessivo e costante, può portare ad alti livelli di ansia e stress. Misuriamo il nostro valore e il successo in base agli standard che vediamo negli altri, spesso dimenticando che ogni persona ha il proprio percorso e circostanze uniche.

La competizione sfrenata scaturisce da questo costante confronto, in cui sentiamo la necessità non solo di stare al passo con gli altri, ma di superarli. Questo può risultare in un ciclo di sforzo eccessivo, ansia e talvolta esaurimento emotivo. Il bisogno di distinguersi e di essere percepiti come di successo nella società può contribuire a un costante senso di inadeguatezza e ansia.

Per affrontare questo schema, è essenziale praticare la consapevolezza e l'accettazione del fatto che ogni persona ha il proprio percorso e le proprie sfide. È importante riconoscere che i successi altrui non sminuiscono i nostri stessi risultati. Concentrarsi su obiettivi personali realistici e valorizzare il progresso individuale può aiutare a alleviare la pressione del confronto e della competizione sfrenata.

Inoltre, limitare l'esposizione ai social media e coltivare una mentalità di gratitudine per ciò che abbiamo ottenuto può contribuire a un maggiore equilibrio emotivo. Cercare il supporto di un professionista della salute mentale può anche essere utile per sviluppare strategie efficaci per gestire l'ansia generata da questo costante confronto e dalla competizione sfrenata nell'attuale società.

Sensazione di mancanza di controllo

Il desiderio di perfezione è spesso radicato nella falsa convinzione che, se potessimo controllare ogni variabile della nostra vita e raggiungere standard ideali, avremmo il pieno controllo su una vita perfetta. La percezione distorta è che raggiungendo la perfezione saremmo immuni da contrattempi, fallimenti o situazioni impreviste.

Tuttavia, la realtà è che non possiamo controllare tutti gli aspetti della vita. La vita è intrinsecamente incerta e imperfetta. Eventi inaspettati, cambiamenti delle circostanze e sfide impreviste fanno parte integrante dell'esistenza umana. La sensazione di mancanza di controllo sorge quando riconosciamo l'inevitabilità e l'imprevedibilità della vita, anche quando cerchiamo di raggiungere la perfezione.

Questa ricerca inarrestabile della perfezione è spesso un tentativo di compensare questa percezione di mancanza di controllo. Sbagliamo nel credere che raggiungendo uno stato di perfezione in diverse aree delle nostre vite possiamo dominare ogni eventualità e garantire che tutto vada secondo i piani. Quest'illusione crea una pressione insostenibile per raggiungere standard inarrivabili.

La sensazione di mancanza di controllo, alimentata dalla ricerca della perfezione, può portare ad alti livelli di ansia. La paura di perdere il controllo, di non raggiungere gli standard stabiliti e di affrontare fallimenti può diventare debilitante. L'ansia sorge dal costante tentativo di anticipare e mitigare ogni possibile contrattempo, il che è impossibile in un mondo complesso e imprevedibile.

Affrontare questa sensazione di mancanza di controllo richiede un cambiamento di mentalità. È importante accettare la natura imprevedibile della vita e imparare a tollerare l'incertezza. Accettare che non possiamo controllare tutto è un passo cruciale per alleviare l'ansia associata alla ricerca della perfezione. Imparare ad adattarsi e a gestire l'imprevisto in modo sano ed equilibrato può favorire una migliore salute mentale ed emotiva.

L'interazione tra la ricerca della perfezione e l'ansia è un ciclo di aspettative elevate, paura costante di fallire, autoesigenza, confronto incessante e la sensazione che nulla sia mai sufficiente. È cruciale riconoscere che la perfezione è un miraggio inarrivabile e, invece, cercare l'eccellenza, il progresso e l'autenticità. Accettare le nostre imperfezioni e valorizzare il percorso è un passo cruciale per alleviare l'ansia che sorge da questa incessante ricerca della perfezione.

STRATEGIE PER AFFRONTARE LA NECESSITÀ DI ESSERE PERFETTI E LE SUE CONNESSIONI CON L'ANSIA

Affrontare la necessità di essere perfetti e le sue connessioni con l'ansia è un processo impegnativo, ma fondamentale per promuovere il benessere mentale ed emotivo. Esploreremo strategie pratiche ed efficaci per affrontare questo modello di perfezionismo e alleviare l'ansia associata.

Identificazione e consapevolezza

Il primo passo è riconoscere di essere intrappolati nel ciclo del perfezionismo e nell'ansia che ne deriva. Sii consapevole dei rigidi standard che ti imposti e delle pressioni che senti per essere perfetto in tutti gli aspetti della vita. L'autoconsapevolezza è il punto di partenza cruciale per il cambiamento.

Praticare l'accettazione dell'imperfezione

Accettare che la perfezione sia un obiettivo irrealistico e che commettere errori sia naturale è il primo passo per alleviare l'ansia associata al perfezionismo. Abbracciare le nostre imperfezioni ci consente di vivere con meno pressione e giudizio costante. Ecco ulteriori considerazioni:

Umanità condivisa: Ricorda che tutti, senza eccezione, commettono errori e affrontano sfide. L'imperfezione è parte dell'esperienza umana. Riconoscerlo può aiutare a ridurre la pressione di essere perfetto.

Riformulazione degli errori: Piuttosto che considerare gli errori come fallimenti, affrontali come opportunità di crescita. Ogni errore contiene preziose lezioni che possono migliorare le tue prestazioni future.

Praticare l'autocompassione

Invece di punirti per gli errori o le fallanze, devi imparare a trattarti con la stessa compassione e gentilezza che riserveresti a un caro amico. L'autocompassione ti aiuta a respingere l'ansia che deriva dall'autoesigenza implacabile. Ecco alcuni suggerimenti aggiuntivi:

Autoempatia: Coltivare l'autoempatia significa parlare con te stesso nello stesso modo in cui parleresti a un caro amico in momenti difficili. Invece di auto-critiche severe, offrirti parole di incoraggiamento e supporto.

Trattamento con gentilezza: Ricordati che meriti di essere trattato con gentilezza e rispetto, indipendentemente dalle tue prestazioni o realizzazioni. Nutrire una relazione sana con te stesso è essenziale per ridurre l'ansia.

Concentrarsi sul processo, non solo sul risultato

Invece di concentrarti ossessivamente solo sul risultato finale e sugli standard di perfezione, è importante valorizzare il processo. Apprezzare ogni fase e imparare dalle esperienze può ridurre l'ansia legata al desiderio di perfezione.

Mindset di crescita: Abbraccia una mentalità di crescita che si concentra sull'apprendimento continuo e sullo sviluppo personale. Ciò aiuta a ridurre la pressione di raggiungere risultati immediati e perfetti.

Celebrazione delle piccole vittorie: Celebrando le piccole vittorie e i traguardi lungo il percorso, riconosci il progresso, mantieni la motivazione e riduci l'ansia legata al risultato finale.

Stabilire obiettivi realistici e raggiungibili

È fondamentale stabilire obiettivi realistici, tenendo conto delle nostre capacità e circostanze. Gli obiettivi raggiungibili ci permettono di progredire in modo sano e realistico, riducendo l'ansia legata all'autoesigenza irrazionale.

Obiettivi SMART: Considera l'uso del metodo SMART (Specifici, Misurabili, Attuabili, Rilevanti e Temporizzati) per definire obiettivi chiari, raggiungibili e adatti alla tua realtà.

Valutazione periodica: Valuta periodicamente i tuoi obiettivi per assicurarti che rimangano realistici e rilevanti, apportando eventuali aggiustamenti.

Imparare dagli errori

Considera gli errori e le cadute come opportunità di apprendimento. Piuttosto che disperarti quando commetti un errore, analizzalo oggettivamente, individua cosa puoi imparare da esso e applica queste lezioni in futuro. Questo approccio aiuta a ridurre l'ansia legata alla paura di fallire.

Autoriflessione costruttiva: Approfondisci la tua comprensione degli errori cercando schemi e modi per migliorare.

Implementazione del miglioramento: Trasforma l'apprendimento in azione, regolando le tue strategie per ottenere una performance più efficace.

Stabilire limiti salutari

Impara a impostare limiti realistici per te stesso. Riconosci le tue capacità e sii consapevole di quando è il momento di riposare e prenderti cura di te stesso. Non sovraccaricarti di aspettative e compiti infiniti. Stabilire limiti salutari può contribuire a ridurre l'ansia derivante dalla pressione costante.

Prioritizzazione: Identifica le tue priorità e concentrati su di esse. Impara a dire no a impegni che non contribuiscono al tuo benessere.

Tempo per l'autocura: Dedica regolarmente del tempo per prenderti cura di te stesso, che sia attraverso attività rilassanti, esercizio fisico o hobby che ti portino gioia.

Cercare aiuto professionale

Se il perfezionismo e l'ansia persistono, considera di cercare l'aiuto di un professionista della salute mentale. Terapisti specializzati possono offrire tecniche specifiche, come la terapia cognitivo-comportamentale (CBT), per affrontare il perfezionismo e le sue connessioni con l'ansia.

Collaborazione terapeutica: Lavora in collaborazione con un terapeuta per comprendere e superare i modelli perfezionisti, promuovendo la guarigione e la crescita.

Praticare mindfulness e il rilassamento

La pratica della mindfulness e delle tecniche di rilassamento, come la respirazione consapevole e la meditazione, può contribuire a ridurre l'ansia associata alla necessità di essere perfetti. Concentrandoti sul presente e calmando la mente, puoi alleviare la pressione del perfezionismo.

Esercizi regolari: Dedica tempo ogni giorno a esercizi di mindfulness, come la meditazione, la respirazione consapevole o lo yoga. Questo ti aiuterà a calmare la mente e a ridurre l'ansia.

Applicazione nella vita quotidiana: Oltre alle sessioni formali di mindfulness, pratica la consapevolezza in situazioni di vita quotidiana. Sii presente nel momento, anziché preoccuparti della perfezione o dei risultati futuri.

Celebra il progresso

Impara a celebrare il progresso, non solo il risultato finale. Lodati per ogni piccola conquista e riconosci il tuo sforzo. Questo aiuta a mantenere una prospettiva positiva e a ridurre l'ansia legata alla ricerca della perfezione.

Ricompense simboliche: Crea ricompense o rituali per celebrare le tue conquiste, per quanto piccole possano essere. Questo rafforza un senso di realizzazione e incoraggia il proseguimento del progresso.

Gratitudine quotidiana: Pratica la gratitudine riconoscendo le cose per cui sei grato ogni giorno. Questo aiuta a coltivare una mentalità positiva.

5

IMPATTI SULLA SALUTE MENTALE

*La mente è resiliente; scopri la sua forza
e trasforma l'ansia in potere.*

L'ansia è un intricato labirinto di emozioni e pensieri che, quando fuori controllo, possono avere effetti significativi sulla nostra salute mentale. Essa è una risposta naturale e adattativa di fronte a situazioni di stress, preparandoci a gestire sfide imminenti. Tuttavia, quando l'ansia diventa cronica, superando i limiti del sano, diventa un ostacolo che può danneggiare la qualità della vita, influenzare la nostra cognizione, turbare le nostre emozioni e influenzare persino le nostre relazioni.

Questo capitolo ha l'obiettivo di esplorare i meandri di questa complessa relazione tra ansia e salute mentale. Insieme, esamineremo gli effetti profondi e spesso insidiosi che l'ansia può avere sul nostro benessere psicologico a breve e lungo termine. Comprendere la natura di questi impatti è fondamentale per cercare trattamenti e strategie di coping appropriati.

In questo contesto, questo capitolo mira non solo a educare sugli impatti dell'ansia sulla salute mentale, ma anche a evidenziare strategie e tecniche che possono aiutare a mitigare questi effetti avversi. Avere un arsenale di strumenti che ci consenta di affrontare l'ansia è fondamentale per una vita equilibrata e produttiva.

CONSEGUENZE PSICOLOGICHE DELL'ANSIA

L'ansia è un'esperienza universale, una risposta naturale del corpo umano allo stress e alle minacce percepite. Tuttavia, quando questa risposta diventa cronica o eccessiva, può scatenare una serie di significative conseguenze psicologiche. Esploreremo le implicazioni dell'ansia per la salute mentale, esaminando i disturbi d'ansia, il rapporto con la depressione e la sindrome di burnout, nonché il suo impatto sull'autostima e la fiducia.

Disturbi d'ansia

L'ansia in sé non è patologica; anzi, è una parte essenziale dell'esperienza umana. Tuttavia, quando l'ansia diventa intensa e persistente, può evolvere in disturbi d'ansia clinicamente significativi. I disturbi d'ansia sono caratterizzati da preoccupazioni e paure eccessive, accompagnate da sintomi fisici e psicologici.

Disturbo d'Ansia Generalizzato (DAG): Le persone con DAG sperimentano ansia cronica e preoccupazione costante su vari aspetti della vita, come il lavoro, la salute, la famiglia e le relazioni. Queste preoccupazioni sono difficili da controllare e possono portare a sintomi fisici come tensione muscolare e insonnia.

Disturbo di panico: Il disturbo di panico è contraddistinto da improvvisi e intensi attacchi d'ansia, noti come attacchi di panico. Questi episodi possono essere così spaventosi che la persona può temere di avere un altro attacco, dando inizio a un ciclo di ansia costante.

Disturbo da Stress Post-Traumatico (PTSD): Il PTSD si verifica dopo l'esposizione a eventi traumatici come incidenti, abusi o situazioni di violenza. I sintomi includono incubi, flashback e ipervigilanza, insieme a un'ansia intensa.

Fobie: Le fobie sono paure intense e irrazionali di oggetti, situazioni o animali specifici. L'esposizione a questi trigger scatena un'ansia estrema, portando all'evitamento di tali situazioni a ogni costo.

Disturbo Ossessivo Compulsivo (DOC): Il DOC è caratterizzato da pensieri intrusivi e indesiderati (ossessioni) che portano a comportamenti ripetitivi e rituali (compulsioni) mirati ad alleviare l'ansia. Queste azioni possono richiedere molto tempo ed energia.

Disturbo d'ansia sociale (Fobia sociale): La fobia sociale comporta una paura intensa di giudizio o umiliazione in situazioni sociali. Ciò può portare all'evitamento delle interazioni sociali, con un impatto significativo sulla vita personale e professionale.

Depressione e ansia

La relazione tra ansia e depressione è complessa e spesso bidirezionale. Molte persone con disturbi d'ansia sperimentano anche sintomi depressivi e viceversa. Questa condizione è conosciuta come comorbilità, in cui due o più condizioni di salute mentale coesistono in una persona.

L'ansia e la depressione condividono sintomi comuni come difficoltà nel dormire, affaticamento, irritabilità e difficoltà di concentrazione. Queste sovrapposizioni possono rendere la diagnosi e il trattamento più impegnativi. Quando ansia e depressione si manifestano insieme, possono essere più debilitanti rispetto a quando ciascuna si presenta isolatamente.

La preoccupazione e la ruminazione, caratteristiche dell'ansia, possono portare a pensieri negativi e pessimismo, contribuendo ai sintomi depressivi. Inoltre, l'isolamento sociale causato dall'ansia può aumentare il rischio di sviluppare la depressione.

Sindrome da burnout

La sindrome da burnout è uno stato di esaurimento fisico ed emotivo dovuto a stress cronico, spesso legato al lavoro. Sebbene non sia un disturbo d'ansia di per sé, c'è una significativa sovrapposizione tra ansia e burnout. Le persone con burnout spesso sperimentano ansia a causa del carico costante e della pressione.

I sintomi del burnout includono esaurimento, cinismo verso il lavoro, riduzione delle prestazioni e sintomi fisici come mal di testa e insonnia. L'ansia può sorgere come risposta allo stress prolungato associato al burnout, portando a una schiacciante sensazione di sovraccarico.

Ciclo distruttivo: Ansia, depressione e burnout

Queste condizioni: ansia, depressione e sindrome da burnout possono creare un ciclo distruttivo. L'ansia può portare all'esaurimento e alla fatica cronica, scatenando o aggravando i sintomi depressivi. A loro volta, la depressione può aumentare l'ansia, creando un ciclo che indebolisce la salute mentale e fisica.

Questo ciclo può rendere le attività quotidiane una sfida e minare la qualità della vita di una persona. Le responsabilità lavorative, le interazioni sociali e persino i compiti più semplici possono sembrare travolgenti, portando a una spirale discendente di peggioramento dello stato mentale.

Date le complesse interconnessioni tra ansia, depressione e burnout, è cruciale cercare assistenza professionale per una diagnosi e un trattamento adeguati. Un piano di trattamento integrato che affronti non solo i sintomi ma anche le cause sottostanti può essere altamente efficace.

Le terapie cognitivo comportamentali (CBT) sono spesso utilizzate per trattare i disturbi d'ansia e depressione. Aiutano le persone a identificare e modificare schemi di pensiero negativi e comportamenti disfunzionali, promuovendo abilità di coping salutari.

Inoltre, le strategie di gestione dello stress, le pratiche di rilassamento, i cambiamenti nello stile di vita e il supporto emotivo sono componenti essenziali del trattamento. Coinvolgersi in attività che portino piacere e significato, come hobby o attività sociali, può contribuire anche alla guarigione.

COME L'ANSIA INFLUENZA L'AUTOSTIMA E LA FIDUCIA IN SE STESSI

La relazione tra ansia, autostima e fiducia in se stessi è una complessa rete di interazioni psicologiche che modellano la nostra percezione di noi stessi e del nostro ruolo nel mondo. L'ansia può avere un impatto profondo e duraturo sull'autostima e sulla fiducia in se stessi, influenzando la nostra visione di noi stessi e i nostri rapporti con gli altri. Esploriamo più dettagliatamente come l'ansia influisca su questi aspetti cruciali della nostra salute mentale e del benessere.

Auto-critica eccessiva e erosione dell'autostima

L'ansia crea un terreno fertile per l'auto-critica implacabile. Viviamo costantemente in uno stato di allerta elevato, valutando ogni azione, parola o decisione che prendiamo, cercando qualsiasi segno di errore o inadeguatezza. Questo modello di auto-critica costante mina gradualmente la nostra autostima, diventando una voce interiore crudele che amplifica ogni errore, per quanto piccolo possa essere, trasformandoli in prove della nostra presunta incapacità.

L'auto-critica e l'ansia formano un pericoloso ciclo vizioso. L'ansia porta all'auto-critica poiché diventiamo eccessivamente consapevoli e preoccupati per la possibilità di commettere errori. L'auto-critica, a sua volta, aumenta l'ansia, generando più paura di fallire. Questo ciclo distruttivo può portare a un progressivo declino dell'autostima e della fiducia in se stessi.

La costante auto-critica e l'erosione dell'autostima hanno un profondo impatto su tutti gli aspetti della nostra vita. Influenza le nostre prestazioni sul lavoro, minando la fiducia nelle nostre capacità e competenze. Nei rapporti personali, la bassa autostima può creare ostacoli all'intimità e alla connessione genuina. Questa erosione dell'autostima si estende alla nostra visione di noi stessi, plasmando le nostre identità e il nostro senso di valore personale.

Il percorso per superare l'auto-critica è un passo verso l'accettazione di se stessi, l'amore proprio e la costruzione di una sana autostima. È un passo cruciale per godere di una vita piena e gratificante.

Incertezza: Il seme del dubbio

Spesso l'ansia trova origine nell'insicurezza, un seme insidioso del dubbio piantato profondamente nella nostra psiche. La sensazione persistente di non essere abbastanza bravi o di non possedere le capacità necessarie per affrontare le sfide della vita è il terreno fertile in cui l'ansia prospera. Esploriamo ulteriormente questo argomento e le sue implicazioni.

L'insicurezza può derivare da diverse fonti, come esperienze passate di fallimento, rifiuto, traumi, educazione rigorosa o standard sociali irraggiungibili. Queste esperienze plasmano la nostra percezione di noi stessi e del mondo che ci circonda, portandoci a dubitare della nostra competenza.

Questa insicurezza, se non affrontata, alimenta l'ansia. Anche quando raggiungiamo il successo e riceviamo validazione esterna, l'insicurezza persiste, creando un ciclo dannoso. L'ansia ci fa temere che gli altri scoprano la nostra presunta inadeguatezza, generando ulteriore insicurezza e ansia.

L'insicurezza mina la fiducia nelle nostre abilità e competenze. Ci impedisce di rischiare e sfidarci, limitando la nostra crescita personale e professionale. Questa mancanza di autostima può sabotare le relazioni, le carriere e gli obiettivi di vita, portando a una bassa autostima.

Superare l'insicurezza è un passo essenziale per interrompere il ciclo dell'ansia. Coltivando una mentalità positiva e imparando a fidarsi delle nostre abilità, possiamo non solo alleviare l'ansia, ma anche condurre una vita più piena e gratificante.

La paura del giudizio e la prigione dell'inautenticità

L'ansia sociale è una sfida significativa per molte persone, in cui la paura del giudizio degli altri diventa una realtà quotidiana. In questo contesto, le interazioni sociali, qualcosa che dovrebbe essere naturale e confortevole, diventano fonti intense di stress. Approfondiamo ulteriormente questa dinamica e come essa influisce sulla nostra autenticità e autostima.

L'ansia sociale ha spesso radici profonde in esperienze passate, traumi, bullismo o addirittura nella mancanza di esperienza sociale. Può manifestarsi come paura di parlare in pubblico, interagire in riunioni o persino in situazioni sociali più informali.

La paura del giudizio degli altri crea un ciclo vizioso. Inizia con l'ansiosa anticipazione di un'interazione sociale, seguita da una paura intensa durante l'interazione e spesso culmina in un post-analisi eccessiva, in cui rivediamo ogni dettaglio dell'interazione, spesso in modo negativo.

Questa paura costante del giudizio ci porta a creare maschere e facciate per proteggerci. Invece di essere autentici e esprimere chi siamo veramente, recitiamo una parte per evitare il giudizio. Ciò erode la nostra autostima, poiché viviamo costantemente una versione distorta di noi stessi.

Superare la paura del giudizio richiede tempo, pazienza e sforzi continui. Lavorando sull'accettazione di chi siamo, sfidando le nostre paure e cercando supporto quando necessario, possiamo liberarci dalla prigione dell'inautenticità e vivere in modo più genuino, migliorando la nostra autostima e il benessere emotivo.

Evitare le sfide e l'erosione della fiducia in se stessi

Spesso l'ansia ci porta a evitare situazioni che percepiamo come sfidanti o scomode. Anche se questa evitazione fornisce un sollievo temporaneo dal disagio, nel lungo periodo erode la nostra fiducia in noi stessi e ostacola lo sviluppo personale. Approfondiamo questa dinamica ed esploriamo strategie per superare il ciclo dell'evitare le sfide.

L'evitamento è una strategia comune per affrontare l'ansia. È una reazione naturale per evitare il disagio emotivo che le situazioni sfidanti possono portare. Tuttavia, questa costante evitazione ci impedisce di affrontare e superare le nostre paure e sfide.

Evitando le sfide, perdiamo preziose opportunità di crescita personale e professionale. Questo contribuisce all'erosione della fiducia in se stessi, poiché non affrontiamo mai e superiamo tali ostacoli per dimostrarci la nostra capacità di gestirli.

L'evitamento crea un ciclo dannoso. Evitiamo una situazione sfidante, il che ci porta un sollievo temporaneo dall'ansia. Tuttavia, questa evitazione rafforza la nostra convinzione di non essere in grado di affrontare tale situazione, minando ulteriormente la nostra fiducia in noi stessi.

L'evitamento delle sfide, anche se può fornire un comfort temporaneo, ha un costo a lungo termine per la nostra fiducia in noi stessi e la crescita personale. Affrontando le nostre paure e sfide direttamente, anche se gradualmente, possiamo ricostruire la nostra fiducia in noi stessi, imparare e crescere. Tieni presente che è attraverso le sfide che cresci e diventi la migliore versione di te stesso.

Pensieri catastrofici e la frattura dell'autostima

Spesso l'ansia è legata a una narrazione mentale negativa e distorta, che porta a pensieri catastrofici. Questi pensieri esagerati e eccessivamente negativi prevedono i peggiori esiti in diverse situazioni, portando a una diminuzione dell'autostima. Esaminiamo più a fondo questa dinamica ed esploriamo modi per invertire questo modello.

I pensieri catastrofici sono distorsioni cognitive che amplificano il lato negativo delle circostanze e minimizzano il positivo. Tendono a essere irrazionali, esagerati e non basati su fatti reali.

Questi costanti pensieri catastrofici minano la nostra autostima, convincendoci della nostra presunta incapacità di superare le sfide che affrontiamo. Convinti che il peggio stia sempre per accadere, perdiamo fiducia nelle nostre abilità e competenze.

I pensieri catastrofici innescano una cascata di ansia e paura, portando a ulteriori pensieri negativi e autovalutazioni dannose. Questo forma un ciclo vizioso che influenza la percezione che abbiamo di noi stessi e del nostro potenziale.

I pensieri catastrofici sono come catene che imprigionano la nostra autostima e fiducia in noi stessi. Sfidarli e coltivare un'attitudine positiva può aiutare a ricostruire la nostra immagine e darci la forza di affrontare le sfide della vita con coraggio e resilienza. Ricorda che sei più forte dei tuoi pensieri negativi.

EFFETTI A LUNGO TERMINE DELL'ANSIA SULLA NOSTRA SALUTE MENTALE

L'ansia, quando persistente e non gestita nel tempo, può comportare una serie di significativi impatti sulla nostra salute mentale. Questi effetti a lungo termine possono alterare la qualità della vita, il funzionamento quotidiano e le relazioni interpersonali, manifestandosi in varie forme:

Disturbi d'ansia cronici

L'ansia, quando persistente e non gestita nel tempo, può evolvere in una gamma di disturbi d'ansia cronici, ognuno con le proprie caratteristiche e impatti sulla vita di tutti i giorni. Questi disturbi possono essere veramente debilitanti, influenzando sia la qualità della vita che la capacità di godere appieno delle esperienze e delle interazioni sociali.

Disturbo d'Ansia Generalizzata (DAG): Questo disturbo è caratterizzato da preoccupazioni croniche ed eccessive riguardo a molte situazioni nella vita quotidiana. Le persone con DAG spesso hanno difficoltà a controllare le loro preoccupazioni e possono provare ansia costante anche quando non c'è una minaccia imminente. Questo può avere un impatto negativo sul loro rendimento lavorativo, sulle relazioni interpersonali e sulla salute fisica.

Disturbo di panico: Le persone con disturbo di panico sperimentano improvvisi e intensi attacchi di panico, accompagnati da una travolgente sensazione di paura e terrore, anche quando non c'è una minaccia reale. Questi attacchi possono portare a una preoccupazione persistente su quando si verificherà il prossimo attacco, portando all'evitamento di luoghi o situazioni in cui potrebbero accadere.

Disturbo da Stress Post-Traumatico (PTSD): Il PTSD è una risposta prolungata e intensa a un evento traumatico, come abusi, incidenti o esperienze di combattimento. I sintomi includono flashback, incubi, ipervigilanza ed evitamento di trigger legati al trauma. Questo può avere un profondo impatto sulla qualità della vita e sulla capacità di partecipare alle attività quotidiane.

Fobie specifiche: Le fobie sono paure intense e irrazionali di oggetti, animali, situazioni o attività specifiche. Queste paure possono essere così debilitanti da portare a un estremo evitamento dell'oggetto o della situazione temuta, interferendo con le attività quotidiane e con la felicità generale.

Disturbo Ossessivo Compulsivo (DOC): Il DOC è caratterizzato da ossessioni, pensieri ripetitivi e indesiderati, spesso accompagnati da comportamenti compulsivi per alleviare l'ansia causata dalle ossessioni. Questi rituali compulsivi possono richiedere molto tempo e interferire con la vita quotidiana.

Questi disturbi d'ansia cronici non influenzano solo la salute mentale, ma hanno anche un notevole impatto sul funzionamento quotidiano e sulle interazioni sociali. È fondamentale cercare assistenza professionale per valutazione, diagnosi adeguata e trattamento, che può includere terapia, farmaci e strategie di gestione per affrontare efficacemente questi disturbi e migliorare la qualità della vita. La consapevolezza di questi disturbi è essenziale per ridurre il pregiudizio e incoraggiare coloro che ne soffrono a cercare aiuto e supporto.

Depressione

L'ansia prolungata non solo porta il peso della sua angoscia, ma può scatenare o intensificare la depressione, una grave condizione mentale che influisce ampiamente sulla nostra vita emotiva, cognitiva e comportamentale.

Inizio e progressione: L'ansia cronica può fungere da terreno fertile per lo sviluppo della depressione. La preoccupazione costante, la sensazione di impotenza e l'apprensione incessante possono gradualmente minare la nostra resilienza emotiva, portando a uno stato di tristezza persistente e disperazione.

Sintomi amplificati: La presenza simultanea di ansia e depressione spesso amplifica i sintomi di entrambe le condizioni. I pensieri intrusivi e le preoccupazioni eccessive dell'ansia si mescolano con la profonda tristezza, portando a un carico emotivo opprimente. Anche l'esaurimento fisico e mentale diventa più pronunciato.

Disperazione e impotenza: L'ansia prolungata può erodere la nostra capacità di vedere una luce alla fine del tunnel. La continua lotta contro l'ansia può farci sentire senza speranza, un componente chiave della depressione.

Isolamento e ritiro: L'ansia può portarci a ritirarci dal mondo, evitando situazioni sociali e persino attività quotidiane. Questo ritiro sociale può approfondire i sentimenti di solitudine e disperazione, alimentando così la depressione.

Difficoltà nel funzionamento quotidiano: L'ansia e la depressione combinate possono compromettere la nostra capacità di funzionare efficacemente sul lavoro, a scuola o nelle nostre responsabilità quotidiane. La mancanza di concentrazione, la stanchezza e la sensazione di sovraccarico emotivo diventano ostacoli significativi.

Risposta al trattamento: Il trattamento della depressione in persone che soffrono anche di ansia può essere più complesso. Spesso, il trattamento deve affrontare sia l'ansia che la depressione in modo integrato, con terapia e, in alcuni casi, farmaci.

Importanza del supporto: Il supporto sociale ed emotivo è cruciale per coloro che affrontano questa doppia sfida. Avere una rete di supporto comprensiva e solidale può fare una differenza significativa nel processo di recupero.

È fondamentale capire che la depressione scatenata dall'ansia prolungata non è segno di debolezza o fallimento personale. Cercare aiuto da un professionista della salute mentale è vitale per ottenere la diagnosi corretta e un piano di trattamento completo. La consapevolezza e la comprensione di queste complesse interazioni tra ansia e depressione sono fondamentali per promuovere la compassione e l'empatia, nonché per sviluppare strategie efficaci per la prevenzione e l'intervento precoce.

Isolamento sociale

L'isolamento sociale, spesso scatenato dall'ansia cronica, crea un ciclo di impatti negativi che influiscono in modo significativo sulla nostra salute mentale e sulla qualità della vita.

Origine dell'isolamento: L'ansia cronica può farci allontanare dalle interazioni sociali. Le situazioni sociali possono essere percepite come minacciose, portandoci ad evitare eventi sociali, incontri con persone o addirittura attività quotidiane. Questo comportamento di evitamento è un tentativo di sfuggire al disagio causato dall'ansia sociale.

Evitare e ridurre le opportunità: L'evitamento prolungato e costante delle interazioni sociali può ridurre le nostre opportunità di crescita, apprendimento e connessioni significative. Le interazioni sociali sono cruciali per il nostro sviluppo personale ed emotivo, e l'isolamento può privarci di queste opportunità.

Aumento dell'ansia: L'isolamento può aumentare la nostra ansia, creando un circolo vizioso. La solitudine può aumentare i sentimenti di inadeguatezza e rafforzare la convinzione di non essere in grado di interagire socialmente. Questo, a sua volta, amplifica l'ansia quando si affrontano nuove situazioni sociali.

Minaccia per la salute mentale: L'isolamento prolungato può portare a un significativo declino nella nostra salute mentale. La solitudine può scatenare sentimenti di tristezza, depressione e disperazione, con un impatto negativo sul nostro benessere emotivo.

Difficoltà nel costruire relazioni: L'isolamento sociale può compromettere la nostra capacità di costruire e mantenere relazioni sane. La mancanza di pratica nelle interazioni sociali può renderci a disagio in situazioni sociali, rendendo più difficile stabilire connessioni significative.

Spezzare il circolo: Per spezzare il circolo, è fondamentale cercare supporto e assistenza professionale. Gli psicoterapeuti possono offrire strategie per superare l'ansia sociale e reinserirsi gradualmente nella vita sociale. Inoltre, partecipare a gruppi di supporto può fornire un senso di comunità e comprensione.

Strategie per la reintegrazione sociale: Iniziare con piccole interazioni sociali e gradualmente espanderle può aiutare nella reintegrazione sociale. Stabilire obiettivi realistici e celebrare i progressi, anche se piccoli, è essenziale per acquisire fiducia.

Costruire una rete di supporto: Investire in relazioni significative con amici, familiari o gruppi di interesse comune può essere un modo per rompere il ciclo dell'isolamento. Condividere le nostre esperienze ed emozioni con gli altri può alleviare l'ansia.

L'isolamento sociale è una sfida seria e complessa, e riconoscere il suo legame con l'ansia è un passo cruciale per trovare soluzioni efficaci. Cercare assistenza professionale e adottare strategie graduali di reintegrazione sociale può aiutare a ricostruire la nostra fiducia e stabilire connessioni sociali significative.

Problemi di concentrazione e memoria

L'ansia cronica, con la sua costante attività mentale e preoccupazioni incessanti, può avere effetti dannosi sulla nostra capacità di concentrazione e memoria, influenzando diverse aree della nostra vita.

Il sovraccarico mentale e i suoi effetti: L'ansia cronica può portare a un costante sovraccarico mentale. Preoccupazioni persistenti e pensieri intrusivi possono rendere difficile mantenere l'attenzione su un compito specifico. Questo sovraccarico mentale compromette la nostra capacità di concentrarci adeguatamente.

Ansia e prestazioni cognitive: L'ansia cronica può influenzare negativamente le prestazioni cognitive. La capacità di elaborare informazioni, ragionare, apprendere e ricordare può essere compromessa quando la nostra mente è costantemente pervasa da preoccupazioni e ansie.

Impatto sulle attività quotidiane: Le difficoltà di concentrazione e la mancanza di memoria efficace possono influenzare le nostre attività quotidiane, dalle semplici mansioni ai compiti professionali e accademici. Questo può portare a un senso di inadeguatezza e frustrazione, aumentando ulteriormente l'ansia.

Effetto sulla produttività sul lavoro e negli studi: Sul luogo di lavoro o nello studio, l'ansia cronica può compromettere la nostra produttività. La capacità di concentrarsi su compiti specifici e trattenere informazioni essenziali può essere compromessa, influenzando i nostri risultati e le prestazioni.

Interferenza nelle relazioni: La mancanza di concentrazione e la scarsa memoria possono interferire nelle relazioni. Dimenticare date importanti, impegni o dettagli può portare a malintesi e conflitti, influenzando la qualità delle nostre relazioni personali e professionali.

Cercare soluzioni: Per affrontare questi problemi, è essenziale gestire l'ansia in modo efficace. Pratiche di riduzione dello stress, come la meditazione e gli esercizi di respirazione, possono aiutare a calmare la mente e migliorare la concentrazione. Inoltre, la terapia cognitivo comportamentale (CBT) può essere un approccio efficace per trattare l'ansia e i suoi effetti cognitivi.

Abitudini salutari: Mantenere abitudini salutari, come una dieta equilibrata, esercizio fisico regolare e un sonno adeguato, può migliorare la nostra capacità cognitiva. Queste abitudini contribuiscono alla salute mentale e fisica, aiutando a ridurre l'ansia e migliorare la concentrazione e la memoria.

Gestione del tempo e dell'organizzazione: Sviluppare abilità di gestione del tempo e dell'organizzazione può aiutare a gestire il sovraccarico mentale. Stabilire priorità, fare elenchi di cose da fare e suddividere grandi progetti in parti più piccole può agevolare la concentrazione e l'efficace completamento delle attività.

L'ansia cronica può avere effetti dannosi sulla nostra capacità di concentrazione e memoria, influenzando la qualità della nostra vita quotidiana, le prestazioni accademiche e professionali, oltre alle nostre relazioni personali. Un approccio efficace alla gestione dell'ansia può contribuire a mitigare questi impatti e migliorare la nostra funzione cognitiva.

Irritabilità e cambiamenti di umore

L'ansia prolungata non influisce solo sulla nostra mente, ma anche sulle nostre emozioni e comportamenti, spesso causando irritabilità e frequenti cambiamenti di umore. Questi aspetti emotivi sono riflessi dello stato costante di allerta e tensione a cui siamo sottoposti quando affrontiamo l'ansia cronica.

Reazioni amplificate: L'ansia può portare a reazioni emotive amplificate. Situazioni stressanti che normalmente potremmo gestire possono scatenare risposte sproporzionate, portando a esplosioni di rabbia, frustrazione e irritazione più intense del previsto.

Bassa tolleranza alla frustrazione: A causa del sovraccarico mentale, le persone ansiose hanno spesso una minore tolleranza alla frustrazione. Le situazioni quotidiane che non si svolgono come previsto o che incontrano ostacoli possono causare irritazione e impazienza accentuate.

Ciclo vizioso: L'irritabilità derivante dall'ansia può, a sua volta, alimentare ulteriore ansia. Sentirsi costantemente sopraffatti e irritati può portare a ulteriori preoccupazioni e stress, creando un ciclo vizioso difficile da interrompere.

Impatto sulle relazioni interpersonali: Questi cambiamenti di umore e l'irritabilità possono influenzare negativamente le nostre relazioni. Familiari, amici e colleghi possono trovare difficoltà a gestire le nostre fluttuazioni emotive, il che può compromettere la qualità delle nostre relazioni.

Autocritica e sensi di colpa: Dopo episodi di irritabilità, le persone con ansia cronica spesso sperimentano un'intensa autocritica e sentimenti di colpa. Possono colpevolizzarsi per non riuscire a controllare le proprie emozioni o per causare disagio agli altri.

L'importanza dell'auto-riflessione: È cruciale che le persone ansiose pratichino l'auto-riflessione per capire le loro reazioni emotive e comportamentali. Identificare i modelli di irritabilità e i fattori scatenanti può aiutare a sviluppare strategie efficaci per gestire l'ansia.

Tecniche di rilassamento e risposta Calma: L'incorporazione di tecniche di rilassamento, come la meditazione, la respirazione profonda e gli esercizi di rilassamento muscolare, può contribuire a calmare la mente e a ridurre l'irritabilità. Imparare a rispondere in modo più calmo e controllato alle situazioni stressanti è fondamentale.

Comunicazione aperta: Comunicare apertamente con le persone care sull'ansia e i suoi effetti può contribuire a costruire comprensione e supporto. Spiegare che l'irritabilità è un sintomo dell'ansia e non un riflesso di disappunto nei loro confronti è fondamentale.

Affrontare l'irritabilità e i frequenti cambiamenti di umore causati dall'ansia è una sfida, ma è possibile con efficaci strategie di gestione. La consapevolezza di queste reazioni emotive e la ricerca di assistenza professionale quando necessario sono passi importanti per migliorare la qualità della vita e delle relazioni.

Abuso di sostanze

L'abuso di sostanze è un grave problema spesso correlato all'ansia cronica. Individui che affrontano l'ansia prolungata possono ricorrere all'uso di alcol, droghe illegali, farmaci prescritti in modo improprio o altre sostanze come un modo per gestire i loro sintomi. Purtroppo, questa forma di automedicazione porta a un ciclo vizioso dannoso che peggiora sia l'ansia che l'abuso di sostanze.

Automedicazione e sollievo temporaneo: L'automedicazione è un meccanismo di coping in cui la persona cerca un sollievo immediato dai propri sintomi d'ansia attraverso l'uso di sostanze psicoattive. L'alcol e le droghe possono fornire un sollievo temporaneo dall'ansia, il che porta alla loro ripetizione come strategia di coping.

Aggravamento dell'ansia: Sebbene le sostanze possano inizialmente alleviare l'ansia, il loro uso prolungato può portare a un peggioramento dei sintomi d'ansia. La tolleranza può svilupparsi, richiedendo dosi maggiori per ottenere lo stesso effetto, risultando in un ciclo di dipendenza e crescente ansia.

Conseguenze fisiche e mentali: L'abuso di sostanze può causare significativi danni fisici e mentali, oltre ad aggravare i sintomi d'ansia. Ciò include problemi di salute, compromissione cognitiva, variazioni dell'umore e altri effetti avversi.

Culpa e vergogna: Il ciclo di abuso di sostanze e ansia può portare a sentimenti intensi di colpa, vergogna e una compromissione dell'autostima. La persona può sentirsi impotente nel rompere questo ciclo e affrontare le conseguenze negative dei propri comportamenti.

Intervento e trattamento: Interrompere il ciclo di abuso di sostanze e ansia richiede un intervento professionale. Programmi di trattamento che affrontano sia la dipendenza chimica che l'ansia sono essenziali. Questo può includere la terapia cognitivo-comportamentale, la consulenza, i gruppi di supporto e, in alcuni casi, i farmaci.

Supporto sociale e rete di supporto: Avere una solida e incoraggiante rete di supporto è cruciale per rompere il ciclo di abuso di sostanze e ansia. Amici, familiari o gruppi di supporto possono fornire supporto emotivo e pratico durante il processo di recupero.

Sviluppo di strategie alternative: È fondamentale imparare strategie alternative per affrontare l'ansia che non coinvolgano l'uso di sostanze. Questo può includere tecniche di rilassamento, esercizio fisico, meditazione, mindfulness e terapie.

Consapevolezza dei rischi: È importante aumentare la consapevolezza dei rischi associati all'abuso di sostanze nella gestione dell'ansia. Educare le persone sugli effetti dannosi di questa pratica può contribuire a prevenire il ciclo di automedicazione.

Spezzare il ciclo di abuso di sostanze e ansia è un passo vitale per la ripresa e il benessere. Cercare assistenza professionale e contare sul sostegno dei propri cari sono passi essenziali per superare questa sfida e raggiungere una vita equilibrata e sana.

Pensieri suicidi e autolesionismo

L'ansia cronica, quando trascurata e non trattata, può innescare un terribile esito in cui gli individui affetti possono affrontare pensieri suicidi o autolesionismo. Questo stato è il devastante risultato della persistenza di un'ansia schiacciante, che porta a un estremo sentimento di disperazione e impotenza.

Pensieri suicidi: L'ansia cronica può portare a pensieri suicidi, in cui la persona afflitta sente che l'unica via d'uscita dalla sua sofferenza è togliersi la vita. Questa fase è critica e richiede un intervento immediato e supporto professionale.

Disperazione profonda: La sensazione di disperazione associata all'ansia cronica non trattata è intensa e schiacciante. Gli individui possono sentirsi intrappolati in un ciclo interminabile di ansia e perdere ogni speranza di miglioramento.

Isolamento e solitudine: Coloro che lottano con pensieri suicidi spesso si sentono isolati e soli nel loro dolore. L'ansia cronica può portare all'isolamento sociale, aggravando ulteriormente il senso di solitudine e disperazione.

Autolesionismo come forma di sollievo: Nel tentativo di alleviare il dolore emotivo, alcuni individui possono ricorrere all'autolesionismo. Tagliarsi o infliggere dolore fisico può distrarre temporaneamente dall'insostenibile angoscia emotiva, ma è una strategia estremamente dannosa.

Ricerca disperata di sollievo: I pensieri suicidi e l'autolesionismo spesso sorgono dalla ricerca disperata di sollievo dall'intensa sofferenza emotiva. Le persone possono sentirsi così sopraffatte che la morte o l'autolesionismo sembrano le uniche opzioni di fuga.

Importanza dell'intervento tempestivo: Il rilevamento precoce di questi segnali è cruciale per un intervento efficace. Amici, familiari e operatori sanitari devono prestare attenzione a qualsiasi segno di pensieri suicidi e agire prontamente, indirizzando la persona a un aiuto specializzato.

Trattamento specialistico e sostegno continuativo: Il trattamento per i pensieri suicidi e l'autolesionismo di solito coinvolge un approccio multidisciplinare, comprensivo di psicoterapia, farmaci e supporto continuativo. La terapia cognitivo comportamentale (CBT) è spesso utilizzata per affrontare questi pensieri e comportamenti.

Prevenzione e consapevolezza: La consapevolezza della relazione tra ansia cronica e pensieri suicidi è fondamentale. L'istruzione sulle sane strategie di coping, l'importanza del sostegno emotivo e la rimozione dello stigma legato alla salute mentale sono essenziali per la prevenzione.

Sostegno e comprensione: È vitale che coloro che affrontano queste sfide ricevano un amorevole sostegno e comprensione dai loro cari. Un ambiente di sostegno emotivo può fare una significativa differenza nel processo di recupero.

Comprendere gli effetti a lungo termine dell'ansia è fondamentale per implementare strategie di prevenzione e intervento tempestivo. Il trattamento e il supporto adeguati sono essenziali per attenuare questi impatti e promuovere la salute mentale a lungo termine. Un approccio multidisciplinare, coinvolgendo professionisti della salute mentale, è spesso necessario per fornire una risposta completa ed efficace a queste sfide.

STRATEGIE PER MITIGARE GLI IMPATTI DELL'ANSIA SULLA SALUTE MENTALE

Affrontare l'ansia in modo efficace è fondamentale per proteggere la nostra salute mentale a lungo termine e migliorare la qualità della vita. Esistono diverse strategie che possono contribuire a ridurre gli impatti dannosi dell'ansia:

Terapia Cognitivo Comportamentale (CBT)

La terapia cognitivo comportamentale (CBT) è un approccio terapeutico ampiamente riconosciuto ed efficace nel trattamento dell'ansia e di vari altri disturbi mentali. Si basa sull'idea che i nostri pensieri, le emozioni e i comportamenti siano interconnessi e influenzino reciprocamente. Nella CBT, il terapeuta e il paziente lavorano insieme per identificare e modificare schemi di pensiero disfunzionali che contribuiscono all'ansia. Ecco ulteriori informazioni su come funziona la CBT nel trattamento dell'ansia:

Identificazione di pensieri disfunzionali: Uno dei principi centrali della CBT è aiutare il paziente a riconoscere i pensieri automatici e le credenze distorte che alimentano l'ansia. Spesso questi pensieri sono negativi, irrazionali e catastrofici, contribuendo a un ciclo di preoccupazione e paura.

Rivalutazione e sfida dei pensieri: Con la guida del terapeuta, il paziente impara a mettere in discussione la validità di questi pensieri disfunzionali. Esplorano prove a favore e contro questi pensieri e sviluppano una prospettiva più equilibrata e realistica.

Sviluppo di abilità di coping: Oltre a sfidare i pensieri disfunzionali, la CBT aiuta i pazienti a sviluppare abilità di coping sane. Ciò può includere strategie di rilassamento, tecniche di risoluzione dei problemi e pratiche di esposizione graduale a situazioni temute (un componente importante nel trattamento delle fobie).

Identificazione di modelli comportamentali: La CBT si concentra anche sull'identificazione di modelli comportamentali che possono contribuire all'ansia. Ad esempio, l'evitamento di situazioni temute può mantenere l'ansia. Il terapeuta lavora con il paziente per modificare questi comportamenti poco adattivi.

Stabilimento di obiettivi e monitoraggio del progresso: Durante il trattamento, terapeuta e paziente stabiliscono obiettivi chiari e misurabili per la riduzione dell'ansia. Il progresso viene monitorato nel tempo, consentendo eventuali aggiustamenti.

Compiti tra le sedute: Spesso ai pazienti vengono assegnati compiti da svolgere tra le sedute, come mantenere un diario dei pensieri o praticare tecniche di rilassamento. Ciò aiuta a integrare l'apprendimento e le abilità nella vita quotidiana.

Durata ed efficacia: La CBT è una terapia a breve termine, generalmente costituita da un numero definito di sedute (ad esempio, da 12 a 16 sedute). È nota per essere altamente efficace nel trattamento dei disturbi d'ansia, fornendo strumenti pratici e strategie per affrontare l'ansia in modo sano.

Adattamento a diversi disturbi d'ansia: La CBT può essere adattata per trattare una varietà di disturbi d'ansia, tra cui il Disturbo d'Ansia Generalizzato (TAG), il Disturbo di Panico, il Disturbo da Stress Post-Traumatico (PTSD), le fobie specifiche e il Disturbo Ossessivo Compulsivo (DOC).

Spesso, la CBT è combinata con altri approcci terapeutici o l'uso di farmaci, a seconda delle esigenze individuali del paziente. Fornisce una solida struttura per identificare, comprendere e superare l'ansia, permettendo alle persone di riprendere il controllo della propria vita e migliorare la propria salute mentale.

Meditazione e mindfulness

La meditazione e il mindfulness sono pratiche antiche diventate sempre più popolari nei tempi moderni grazie ai loro benefici per la salute mentale, tra cui la riduzione dell'ansia. Queste pratiche si concentrano sulla consapevolezza del momento presente e sull'attenzione ai pensieri, alle sensazioni e alle emozioni senza giudizio. Ecco informazioni dettagliate su come la meditazione e il mindfulness possono aiutare a ridurre l'ansia:

Consapevolezza del momento presente: La meditazione e il mindfulness si basano sul principio di essere completamente presenti nel momento attuale, senza preoccuparsi del passato o del futuro. Questa consapevolezza aiuta a ridurre l'ansia poiché spesso è legata a preoccupazioni sul futuro.

Calmare la mente: La pratica regolare della meditazione e del mindfulness può calmare la mente, riducendo il flusso costante di pensieri ansiosi. Concentrandosi sulla respirazione o su altri elementi del momento presente, la mente diventa più tranquilla.

Riduzione della reattività allo stress: Coltivando la capacità di osservare i pensieri e le emozioni senza reagire impulsivamente, le pratiche di mindfulness aiutano a ridurre la reattività allo stress. Ciò può portare a risposte più ponderate e a meno reazioni emotive esagerate.

Addestramento dell'attenzione: La meditazione e il mindfulness sono esercizi di addestramento dell'attenzione. Aiutano a sviluppare la capacità di concentrare l'attenzione sul presente, il che può essere utile per evitare che la mente vaghi verso preoccupazioni e ansie.

Riduzione della ruminazione: La ruminazione, ovvero la ripetizione continua di pensieri negativi, è comune nell'ansia. Il mindfulness può contribuire a interrompere questo schema, dirigendo l'attenzione verso il presente e allontanandola dai pensieri negativi e dalla ruminazione.

Apprendimento dell'accettazione e della Tolleranza: Le pratiche di mindfulness insegnano ad accettare i pensieri e le emozioni senza giudizio, riconoscendo che sono solo eventi mentali temporanei. Ciò promuove un atteggiamento più compassionevole verso se stessi, il che può ridurre l'ansia legata all'autocritica.

Diverse tecniche di meditazione: Esistono diverse tecniche di meditazione, come la meditazione sulla respirazione, la meditazione guidata, la meditazione trascendentale e la meditazione camminata. Ciascuna di esse può soddisfare diverse preferenze e esigenze, consentendo di adattare la pratica in base all'individuo.

Pratica regolare e costante: La chiave per cogliere i benefici della meditazione e del mindfulness è la pratica regolare e costante. Riservare del tempo ogni giorno per queste pratiche può aiutare ad integrarle nello stile di vita e sperimentarne gli effetti positivi nel tempo.

Incorporare la meditazione e il mindfulness nella routine quotidiana può offrire potenti strumenti per affrontare l'ansia e promuovere il benessere mentale. Imparando a essere più presenti nel momento, possiamo ridurre l'ansia legata alle preoccupazioni sul futuro e vivere una vita più equilibrata e consapevole.

Esercizio fisico

La pratica regolare dell'esercizio fisico è una strategia efficace ed accessibile per ridurre l'ansia e promuovere il benessere emotivo. I benefici vanno oltre la salute fisica, raggiungendo la salute mentale ed emotiva. Esploreremo dettagliatamente come l'esercizio fisico possa contribuire alla riduzione dell'ansia:

Rilascio di endorfine: L'esercizio fisico scatena il rilascio di endorfine nel cervello. Le endorfine sono neurotrasmettitori che agiscono come analgesici naturali e migliorano l'umore, offrendo una sensazione di benessere e euforia.

Riduzione dello stress e della tensione fisica: La pratica regolare dell'esercizio aiuta a liberare la tensione fisica accumulata, un sintomo comune associato all'ansia. Muovendo il corpo, i muscoli si rilassano e la sensazione di stress fisico diminuisce.

Miglioramento del flusso sanguigno e dell'ossigenazione: Gli esercizi aumentano il flusso sanguigno e l'ossigenazione in tutto il corpo, compreso il cervello. Ciò può portare a un miglioramento della chiarezza mentale e della sensazione di freschezza, alleviando la sensazione di oppressione associata all'ansia.

Riduzione dei livelli di ormoni dello stress: La pratica regolare dell'esercizio può aiutare a ridurre i livelli di ormoni dello stress, come il cortisolo. Questi ormoni sono spesso elevati nelle persone che soffrono di ansia cronica.

Miglioramento del sonno: Gli esercizi fisici regolari possono migliorare la qualità del sonno, il che è fondamentale per controllare l'ansia. Un sonno adeguato può regolare i modelli dell'umore e ridurre la sensazione di ansia durante il giorno.

Aumento dell'autostima e della fiducia: Coinvolgendosi in attività fisiche, è possibile migliorare l'immagine di sé e aumentare la fiducia in se stessi. Sentirsi bene nel proprio corpo e raggiungere obiettivi di forma fisica può avere un impatto positivo sulla percezione di sé.

Opportunità di socializzazione: Partecipare a attività fisiche di gruppo, come lo sport o le lezioni in palestra, offre l'opportunità di socializzazione. L'interazione sociale può alleviare l'ansia fornendo un senso di appartenenza e supporto sociale.

Varietà di esercizi: La varietà degli esercizi è importante per mantenere l'interesse e la motivazione. Questo può includere attività aerobiche, esercizi di resistenza, yoga, danza e altro ancora. La scelta degli esercizi dovrebbe tener conto delle preferenze personali e delle restrizioni fisiche.

Adattamento alla routine personale: È fondamentale scegliere un tipo di esercizio che si adatti alla routine e allo stile di vita di ciascun individuo. Ciò facilita l'incorporazione degli esercizi in modo coerente nella vita di tutti i giorni.

Incorporare l'esercizio fisico nella routine quotidiana può essere un modo altamente efficace per gestire e ridurre l'ansia, oltre a offrire una serie di benefici per la salute fisica e mentale. È importante trovare attività fisiche che siano piacevoli e sostenibili nel lungo termine per ottenere i massimi benefici.

Respirazione controllata

La pratica di tecniche di respirazione controllata, come la respirazione diaframmatica, è una strategia efficace ed accessibile per calmare il sistema nervoso e ridurre l'ansia. Questo approccio si concentra sull'autoconsapevolezza e il controllo della respirazione per promuovere una sensazione di calma ed equilibrio emotivo. Esploreremo dettagliatamente come la respirazione controllata possa essere uno strumento prezioso per gestire l'ansia:

Consapevolezza della respirazione: Il primo passo è sviluppare consapevolezza della propria respirazione. Spesso, durante momenti di ansia, la respirazione diventa superficiale e veloce. La consapevolezza consente di riconoscere questo schema e intervenire per riportare la calma.

Respirazione diaframmatica: Conosciuta anche come respirazione addominale, è una tecnica che comporta respirare profondamente, espandendo il diaframma. Durante l'inspirazione, l'addome si espande, e durante l'espirazione si contrae. Questo aiuta a ossigenare il corpo in modo più efficace e a calmare la mente.

Ritmo respiratorio: Stabilire un ritmo nella respirazione è fondamentale. Una tecnica comune è la respirazione 4-7-8, in cui si inspira dal naso contando fino a quattro, si trattiene il respiro per sette secondi e quindi si espira dalla bocca contando fino a otto. Questo schema promuove la tranquillità.

Focalizzazione sulla respirazione: Durante la pratica della respirazione controllata, è importante mantenere la focalizzazione sulla respirazione e sui movimenti dell'addome. Ciò aiuta a allontanare i pensieri ansiosi, offrendo un momento di serenità e concentrazione.

Riduzione dello stress e dell'ansia: La respirazione controllata agisce direttamente sul sistema nervoso, stimolando la risposta di rilassamento. Ciò riduce i livelli di stress e ansia, promuovendo una sensazione di calma e chiarezza mentale.

Pratica regolare: Per ottenere i benefici, è fondamentale praticare regolarmente. Inizialmente, può essere utile praticare per alcuni minuti ogni giorno e, col tempo, aumentare la durata e la frequenza della pratica.

Integrazione con altre tecniche: La respirazione controllata può essere integrata con altre tecniche di rilassamento, come la meditazione. Ciò potenzia gli effetti calmanti e promuove un'esperienza più profonda di relax.

Applicazione in momenti di crisi: La capacità di utilizzare tecniche di respirazione controllata in momenti di ansia acuta o crisi è uno strumento prezioso. Può essere applicata in situazioni stressanti per calmare la mente e evitare un aumento dell'ansia.

La respirazione controllata è uno strumento semplice ma potente, che può essere praticato in qualsiasi momento e ovunque. È una preziosa abilità per gestire l'ansia, promuovere il benessere e coltivare la pace interiore.

Terapia di Accettazione e Impegno (ACT)

La Terapia di Accettazione e Impegno (ACT) è un approccio terapeutico efficace per affrontare l'ansia, aiutando le persone ad accettare le loro ansie e difficoltà, e ad impegnarsi in azioni costruttive e significative nella loro vita. Esploreremo ulteriormente l'ACT e come possa essere uno strumento prezioso nella gestione dell'ansia:

Accettazione delle esperienze interne: L'ACT enfatizza l'importanza di accettare appieno le nostre esperienze interne, tra cui emozioni, pensieri e sensazioni fisiche. Ciò significa non lottare o cercare di sopprimere queste esperienze, ma riconoscerle e permettere loro di essere presenti.

Consapevolezza e mindfulness: La pratica della mindfulness è centrale nell'ACT. Essa comporta l'essere consapevoli del momento presente senza giudizio, il che aiuta ad aumentare la consapevolezza delle nostre esperienze interne e a rispondere ad esse in modo più adattivo.

Definizione di valori e obiettivi personali: L'ACT incoraggia l'individuazione e la definizione dei valori e degli obiettivi personali di ciascun individuo. Comprendere ciò che è veramente importante nella vita aiuta a guidare le azioni e a prendere decisioni in linea con questi valori.

Impegno nell'azione: Oltre all'accettazione, l'ACT incoraggia l'impegno nell'azione. Ciò significa compiere passi concreti nella direzione dei nostri valori, anche di fronte all'ansia o al disagio. L'azione in linea con i valori è vista come un componente chiave per una vita significativa.

Defusione cognitiva: Questa tecnica comporta il distacco tra noi e i nostri pensieri ed emozioni. "Scollegandoci" dai nostri pensieri e osservandoli come eventi mentali, siamo meno inclini a essere dominati o definiti da essi, riducendo l'influenza dell'ansia.

Autoconsapevolezza e flessibilità psicologica: L'ACT mira ad aumentare l'autoconsapevolezza e la flessibilità psicologica. Ciò implica la capacità di adattarsi e rispondere in modo efficace a diverse situazioni, tenendo conto dei nostri valori e obiettivi.

Accettazione delle difficoltà e della sofferenza: Piuttosto che cercare di evitare la sofferenza, l'ACT ci invita ad accettare la presenza inevitabile della sofferenza umana. Ciò non significa rassegnazione, ma una coraggiosa accettazione che ci permette di continuare a vivere in modo significativo.

Lavoro con metafore ed esperienze: L'ACT utilizza spesso metafore ed esperienze per illustrare concetti chiave e facilitare la comprensione e l'applicazione delle strategie. Queste storie aiutano a tradurre concetti astratti in qualcosa di concreto e memorabile.

L'ACT è un potente approccio per affrontare l'ansia, poiché fornisce una struttura per accettare le sfide delle esperienze interne mentre ci impegniamo in azioni significative. Aiuta a coltivare una vita basata su valori, resilienza e crescita personale.

Stabilire routine salutari

Stabilire routine salutari è un pilastro cruciale per l'equilibrio emotivo e il benessere. Una routine ben strutturata non solo migliora l'efficienza nelle attività quotidiane, ma può anche avere un impatto positivo sulla salute mentale ed emotiva. Esploriamo ulteriormente come stabilire routine salutari possa ridurre l'ansia e promuovere uno stile di vita equilibrato:

Programmazione regolare del sonno: Stabilire una programmazione del sonno coerente è fondamentale per un adeguato riposo e per mantenere l'equilibrio emotivo. Dormire a sufficienza e a orari regolari aiuta a regolare l'umore, migliorare la concentrazione e ridurre l'ansia.

Alimentazione bilanciata: Mantenere una dieta equilibrata con una varietà di cibi nutrienti è essenziale per la salute mentale. Gli alimenti ricchi di nutrienti possono influire positivamente sull'umore e sull'energia, fornendo una base solida per affrontare lo stress e l'ansia.

Tempo per attività rilassanti: Integrare il tempo per attività rilassanti nella routine quotidiana è cruciale. Ciò può includere pratiche di rilassamento, lettura, meditazione, esercizi di respirazione o qualsiasi hobby che porti tranquillità. Questi momenti aiutano a ridurre lo stress e l'ansia.

Agenda strutturata: Creare un'agenda ben definita per il giorno, la settimana o il mese può portare ordine e chiarezza. Sapere cosa aspettarsi e avere un piano aiuta a ridurre l'incertezza, uno dei trigger dell'ansia.

Tempo per l'attività fisica: Incorporare regolarmente l'attività fisica nella routine è un pilastro importante. L'esercizio fisico rilascia endorfine, sostanze chimiche

che migliorano l'umore, e aiuta a alleviare lo stress e l'ansia, promuovendo una migliore salute mentale.

Pause adeguatamente distribuite sul lavoro: Stabilire pause regolari durante il lavoro è cruciale per le prestazioni e il benessere. Fare brevi pause aiuta a ricaricare l'energia e a mantenere la concentrazione, evitando l'accumulo di stress durante il giorno.

Gestione del tempo: Imparare a gestire il tempo in modo efficace è essenziale. Ciò include stabilire priorità, evitare la procrastinazione e riservare tempo per compiti essenziali, il che può ridurre la sensazione di essere sopraffatti.

Flessibilità nella routine: Anche se la struttura è importante, è vitale includere flessibilità nella routine. Consentire adeguamenti secondo necessità per affrontare imprevisti o semplicemente per soddisfare le esigenze del momento.

Igiene mentale: Oltre a prendersi cura del corpo, è essenziale dedicare tempo alla cura della salute mentale. Ciò può includere pratiche come la terapia, attività di rilassamento, riflessione o qualsiasi cosa che nutra la salute mentale.

Stabilire routine salutari non riguarda solo seguire un rigoroso programma, ma creare un ambiente favorevole all'equilibrio e al benessere. È un processo che richiede adattabilità e consapevolezza di sé per trovare ciò che funziona meglio per ciascun individuo, tenendo conto delle loro esigenze e del loro stile di vita. Una routine salutare può diventare l'ancora che sostiene una vita equilibrata e meno ansiosa.

Tecniche di rilassamento

Le tecniche di rilassamento sono potenti strumenti per affrontare lo stress e l'ansia. Ci consentono di rallentare, calmare la mente e il corpo e ripristinare uno stato di tranquillità. Esploreremo alcune tecniche di rilassamento che possono essere efficaci nel ridurre la tensione e promuovere la calma:

Progressione muscolare: La progressione muscolare, anche conosciuta come rilassamento muscolare progressivo, è una tecnica in cui i muscoli vengono deliberatamente tesi e poi rilassati. Ciò aiuta a liberare la tensione accumulata nel corpo, promuovendo una sensazione di rilassamento.

Respirazione profonda e controllata: Praticare la respirazione consapevole, lenta e profonda può calmare il sistema nervoso. Inspirare lentamente dal naso, trattenere il respiro per alcuni secondi ed espirare lentamente dalla bocca aiuta a ridurre l'ansia e promuovere il rilassamento.

Meditazione guidata: La meditazione guidata implica l'ascolto di un istruttore che conduce una sessione di meditazione. Di solito, questo include istruzioni sulla concentrazione sulla respirazione, il rilassamento muscolare e la visualizzazione, aiutando a calmare la mente e ridurre l'ansia.

Visualizzazione creativa: In questa tecnica, vengono create immagini mentali rilassanti per aiutare a calmare la mente e il corpo. Visualizzare scenari tranquilli, come una spiaggia soleggiata o una foresta silenziosa, può portare a una sensazione di pace e relax.

Mindfulness e attenzione piena: Essere pienamente presenti nel momento presente, senza giudizio, è l'essenza della mindfulness. La pratica dell'attenzione piena aiuta a ridurre l'ansia, concentrandosi consapevolmente sulle sensazioni, i pensieri e le emozioni del momento.

Tecniche di biofeedback: Queste tecniche coinvolgono l'uso di dispositivi che monitorano le funzioni corporee, come la frequenza cardiaca e la tensione muscolare. Il feedback in tempo reale consente alla persona di imparare a controllare queste funzioni, riducendo la risposta allo stress.

Yoga e stretching: Lo yoga combina esercizi fisici con tecniche di respirazione e meditazione, promuovendo il rilassamento fisico e mentale. Praticare yoga regolarmente può aiutare a alleviare la tensione e l'ansia.

Aromaterapia e relax sensoriale: L'uso di oli essenziali e tecniche sensoriali, come massaggi o bagni aromatici, può avere un effetto calmante sul corpo e sulla mente, promuovendo il rilassamento e la riduzione dello stress.

Tecniche di chiropratica e massaggio: La chiropratica e il massaggio terapeutico possono aiutare a rilasciare la tensione muscolare e migliorare il flusso sanguigno, contribuendo a una sensazione generale di relax e benessere.

Pratica di Tai Chi o Qi Gong: Queste pratiche combinano movimenti corporei delicati, respirazione e concentrazione mentale. Sono efficaci nel ridurre lo stress e migliorare l'equilibrio emotivo.

Musica rilassante e suoni della natura: Ascoltare musica dolce, suoni della natura o musica appositamente progettata per il relax può avere un effetto calmante sulla mente, aiutando ad alleviare l'ansia.

La chiave per il successo con le tecniche di rilassamento è la pratica regolare. Integrarle nella routine quotidiana può fare una differenza significativa nella riduzione dello stress e nella promozione di una sensazione generale di calma e benessere. È importante sperimentare diverse tecniche e scoprire quelle che meglio si adattano alle esigenze e alle preferenze individuali.

Espressione creativa

L'espressione creativa è uno strumento potente per affrontare l'ansia e lo stress. Fornisce un'uscita per le nostre emozioni, pensieri ed esperienze interne, consentendo loro di essere esternalizzati ed elaborati in modo costruttivo. Esploriamo come l'arte, la musica e la scrittura possano essere terapeutiche e benefiche per la salute mentale:

Arte e disegno: L'arte, che sia pittura, disegno, scultura o altre forme, offre un modo per esprimere emozioni che possono essere difficili da mettere in parole. I colori, le forme e le texture possono trasmettere sentimenti e aiutare ad alleviare l'ansia fornendo un canale creativo per esprimere ciò che è dentro di noi.

Musica e melodia: La musica ha il potere di evocare emozioni e creare un profondo legame con la nostra psiche. Suonare uno strumento, cantare o semplicemente ascoltare musica che risuona con noi può alleviare lo stress e creare uno stato mentale più tranquillo.

Scrittura creativa: La scrittura è un modo efficace per elaborare pensieri ed emozioni. Mantenere un diario, scrivere poesie, storie o semplicemente mettere su carta ciò che sentiamo può aiutare a organizzare i nostri pensieri e a trovare chiarezza emotiva.

Danza e movimento: La danza è una forma di espressione corporea che può liberare tensione e ansia. Muoversi a ritmo di musica consente all'energia di fluire, promuovendo una sensazione di benessere.

Teatro e rappresentazione: Partecipare a attività teatrali o di rappresentazione offre l'opportunità di esplorare ruoli ed emozioni diversi, il che può aiutare a comprendere meglio se stessi e alleviare lo stress.

Artigianato e Fai da Te (FAI DA TE): Coinvolgersi in progetti di artigianato, cucito, falegnameria o altre attività FAI DA TE può essere un modo tangibile per canalizzare l'ansia e creare qualcosa di bello nel frattempo.

Arte digitale: L'arte digitale offre una piattaforma moderna per esprimere la creatività. La pittura digitale, il design grafico e altre forme di arte digitale consentono una varietà di mezzi per l'espressione artistica.

Espressione corporea: L'espressione corporea, tra cui yoga, tai chi e altre pratiche fisiche, può aiutare a liberare emozioni e creare un senso di calma interiore.

Arto terapia: L'arto terapia è una forma strutturata di utilizzare la creatività per esplorare emozioni e problemi psicologici. Spesso è condotta da un terapeuta esperto che guida il processo.

Collaborazione e gruppi creativi: Partecipare a gruppi creativi o progetti collaborativi può arricchire l'esperienza creativa, offrendo l'opportunità di condividere e imparare dagli altri.

L'espressione creativa è un modo sano ed efficace per affrontare l'ansia, poiché consente di elaborare le emozioni in modo costruttivo ed arricchente. Ogni persona è unica, quindi è importante esplorare diverse forme di espressione creativa per trovare ciò che risuona meglio con se stessi.

Stabilire limiti e dire di no

Stabilire dei limiti e imparare a dire di no è un aspetto vitale dell'autocura e della gestione efficace dello stress. Spesso, ci sentiamo sotto pressione sociale o personale per soddisfare le richieste degli altri, il che può portare a un eccesso di impegni e all'esaurimento. Esploreremo più a fondo questa questione e capiremo come stabilire limiti sani possa essere trasformativo:

Proteggere il tuo benessere: Stabilire dei limiti è un modo per proteggere la tua salute fisica e mentale. Dire di no quando necessario significa riconoscere i tuoi limiti e non compromettere la tua salute e il tuo benessere.

Rispettare le tue necessità e priorità: Ogni persona ha le proprie necessità, priorità e obiettivi. Stabilire dei limiti ti consente di rispettare le tue priorità e di dedicare tempo ed energia a ciò che è veramente importante per te.

Costruire relazioni salutari: Stabilire limiti chiari e comunicarli in modo rispettoso aiuta a costruire relazioni più sane. Le persone intorno a te comprenderanno le tue aspettative e i tuoi limiti.

Imparare a dire di no in modo rispettoso: Dire "no" non significa essere scortesi, ma essere chiari riguardo ai tuoi limiti e agli impegni esistenti. Può essere una competenza difficile, ma è fondamentale per mantenere un equilibrio sano.

Evitare sovraccarico ed esaurimento: Quando dici sempre sì a tutto e a tutti, puoi finire per essere sopraffatto. Questo può portare all'esaurimento fisico e mentale, compromettendo la tua produttività e il tuo benessere.

Stabilire limiti sul lavoro: Sul luogo di lavoro, è cruciale stabilire limiti di tempo, compiti e disponibilità. Ciò contribuisce a mantenere un equilibrio nella tua vita professionale e a prevenire l'esaurimento.

Praticare la comunicazione chiara e diretta: La comunicazione è fondamentale quando si stabiliscono dei limiti. È importante esprimere le tue necessità e aspettative in modo chiaro e diretto, senza ambiguità.

Valutare la tua attuale capacità: Prima di assumere nuovi impegni, valuta la tua capacità attuale di gestirli. Se sei sovraccarico, è perfettamente accettabile dire di no o rinviare.

Imparare a dire sì a te stesso: Dire no agli altri spesso significa dire sì a te stesso. È un atto di autocura ed autostima riconoscere le tue necessità e metterle al primo posto.

Praticare l'autocontrollo: Stabilire dei limiti richiede autocontrollo e la capacità di dire di no quando è necessario, anche quando c'è pressione esterna.

Ricordare che è sano e necessario stabilire dei limiti è fondamentale per mantenere una vita equilibrata e sana. È un atto di amore verso te stesso e di rispetto verso di te imparare a dire di no quando è necessario e proteggere la tua energia e il tuo benessere.

Cercare sostegno sociale

Cercare sostegno sociale è una strategia essenziale per affrontare l'ansia e promuovere il benessere emotivo. Il sostegno sociale può provenire da diverse fonti, tra cui amici, familiari, colleghi e professionisti della salute mentale. Esploreremo in dettaglio come questa connessione con altre persone possa essere benefica per alleviare l'ansia:

Riduzione dell'isolamento: Condividere le proprie preoccupazioni e sentimenti con altre persone aiuta a rompere il ciclo dell'isolamento emotivo. L'isolamento può aumentare l'ansia, e avere un sistema di supporto riduce questo isolamento.

Supporto emotivo: Parlare con qualcuno che comprende le tue emozioni e preoccupazioni può fornire un enorme sollievo. Il supporto emotivo aiuta a convalidare i tuoi sentimenti, riducendo la sensazione di essere solo/a in questa lotta.

Prospettiva esterna: Amici e familiari possono offrire preziose prospettive e consigli sulla situazione che sta causando ansia. A volte, una visione esterna può illuminare soluzioni o opzioni che non avevi considerato.

Comprensione ed empatia: Condividere può portare a una maggiore comprensione delle sfide che stai affrontando. Sentirsi compreso/a e convalidato/a è essenziale per il sollievo dell'ansia.

Alleviare lo stress: Parlare delle tue preoccupazioni può essere un modo per alleviare lo stress accumulato. Esprimere emozioni può ridurre la pressione interna che l'ansia può creare.

Stabilire connessioni salutari: Cercare sostegno sociale rafforza i legami con le persone che ti circondano. Coltivare relazioni sane è fondamentale per la salute mentale ed emotiva a lungo termine.

Cercare aiuto professionale: Oltre al supporto di amici e familiari, cercare l'aiuto di un professionista della salute mentale, come uno psicologo o terapeuta, può fornire una guida specializzata per affrontare l'ansia in modo più efficace.

Partecipare a gruppi di supporto: I gruppi di supporto sono ottime opzioni per incontrare persone che stanno vivendo esperienze simili. Condividere storie e strategie può essere molto confortante.

Praticare l'arte dell'ascolto: Oltre a condividere le tue preoccupazioni, è importante ascoltare attivamente gli altri. Offrire supporto reciproco può rafforzare i rapporti e creare una rete di supporto efficace.

Intervento rapido nei momenti critici: In situazioni di crisi, il sostegno sociale può essere cruciale per intervenire rapidamente e offrire assistenza adeguata, persino salvare vite.

La ricerca di sostegno sociale è un passo prezioso nel percorso per affrontare l'ansia. Rafforzare i legami sociali, condividere le preoccupazioni e cercare consigli da persone di fiducia contribuisce alla resilienza emotiva e alla riduzione dell'impatto dell'ansia.

Pratica dell'autocompassione

La pratica dell'autocompassione è un approccio fondamentale per affrontare l'ansia e migliorare la salute mentale. Esploreremo in dettaglio come questa pratica possa essere trasformativa e benefica per il tuo rapporto con te stesso:

Definizione dell'autocompassione: L'autocompassione è l'atto di trattare se stessi con la stessa compassione, gentilezza e comprensione che riserveresti a un caro amico in tempi di difficoltà. Comprende il riconoscimento della propria umanità, imperfezioni e sfide senza giudicarsi duramente.

Accettazione e umanità condivisa: L'autocompassione inizia con l'accettazione di sé stessi, riconoscendo di essere umani e, come tali, soggetti a difetti, errori e sfide. Si tratta di comprendere che tutti, senza eccezione, affrontano difficoltà, e ciò fa parte dell'esperienza umana.

Autoempatia e autocomprensione: Coltivare l'autocompassione implica sviluppare una voce interiore che parli a te stesso in modo gentile e incoraggiante, anziché auto-criticarti duramente. Si tratta di trattarti come faresti con qualcuno che ami profondamente e che ti sta a cuore.

Resilienza emotiva: La pratica regolare dell'autocompassione rafforza la tua resilienza emotiva. Invece di permettere all'autocritica di prosciugare le tue energie, impari a rialzarti dopo le sfide, imparando e crescendo con esse.

Riduzione dell'ansia: Abbracciando un atteggiamento compassionevole verso te stesso, riduci l'ansia legata alla paura di non essere abbastanza bravo o di commettere errori. L'autocompassione calma la mente e allevia la pressione interna.

Lotta alla vergogna: L'autocompassione è uno strumento potente per combattere la vergogna e l'autocritica. Invece di vergognarti delle tue imperfezioni, ti accetti con amore e comprensione.

Coltivazione della gratitudine e dell'accettazione: La pratica dell'autocompassione è legata alla gratitudine per chi sei, con tutte le tue caratteristiche ed esperienze. Questo porta a una profonda accettazione di te stesso, contribuendo a una mente più serena.

Tecniche dell'autocompassione: L'autocompassione può essere praticata attraverso varie tecniche, come la meditazione della gentilezza amorevole, in cui desideri amore e felicità per te stesso e per gli altri; scrivere lettere gentili a te stesso; o semplicemente cambiare la narrazione interna in una di cura e compassione.

Integrazione nella vita quotidiana: Oltre alle pratiche specifiche, l'autocompassione può diventare una filosofia di vita. Ciò significa portare la gentilezza in tutte le aree della tua vita, sia sul lavoro, nelle relazioni o nelle tue attività quotidiane.

Autocura: L'autocompassione si riflette anche nell'autocura. Ti tratti bene, stabilisci limiti sani e ti permetti di riposare e rigenerarti.

L'autocompassione è una potente abilità che può essere coltivata e sviluppata. Praticando gentilezza e compassione verso te stesso, rafforzi la tua resilienza emotiva, riduci l'ansia e crei una base più sana per affrontare le sfide della vita.

Valutazione dello stress e strategie di affrontamento

Valutare lo stress e sviluppare strategie efficaci per affrontarlo sono abilità preziose per gestire l'ansia e promuovere il benessere emotivo. Esploreremo in dettaglio come puoi identificare e affrontare lo stress in modo adattativo:

Identificazione delle fonti di stress: Il primo passo è riconoscere e identificare le fonti di stress nella tua vita. Questo può includere sfide sul lavoro, problemi di relazione, questioni finanziarie e altro ancora. Essere consapevoli delle fonti di stress è cruciale per affrontare lo stress in modo efficace.

Valutazione dell'impatto dello stress: Comprendi come lo stress ti influisce fisicamente, emotivamente e mentalmente. Lo stress può manifestarsi in vari modi, come insonnia, irritabilità, ansia, mal di testa e altro. Valuta come lo stress sta influenzando la tua qualità della vita.

Conseguenze della mancata gestione dello stress: Riconosci le conseguenze di non affrontare lo stress in modo efficace. Ciò può includere un peggioramento della salute fisica, il deterioramento delle relazioni personali, una scarsa performance sul lavoro o negli studi, e altro ancora.

Autoconoscenza e autocura: Conosci te stesso, i tuoi limiti e le tue esigenze. Pratica regolarmente l'autocura dedicando del tempo a attività che ti rigenerano e ti portano gioia. Questo può includere esercizio fisico, hobby, meditazione e altro.

Sviluppo di strategie di affrontamento: Impara e sviluppa strategie di affrontamento efficaci. Questo può includere tecniche di rilassamento, esercizi, meditazione, terapia o il parlare con un amico o un professionista della salute mentale. Poiché ogni persona può rispondere in modo diverso, è importante sperimentare e scoprire ciò che funziona meglio per te.

Pianificazione e organizzazione: Pianifica le tue attività e impegni. L'organizzazione può ridurre lo stress legato alla sensazione di essere sopraffatto. Stabilisci obiettivi realistici e crea un piano per raggiungerli.

Ricerca di aiuto professionale: Non esitare a cercare l'aiuto di un professionista della salute mentale, come uno psicologo o un terapeuta. Possono fornire orientamento specializzato e strategie personalizzate per affrontare lo stress.

Pratica regolare del rilassamento: Adotta regolarmente pratiche di rilassamento, come tecniche di respirazione, yoga o rilassamento muscolare progressivo. Queste pratiche possono aiutare a alleviare la tensione fisica e mentale legata allo stress.

Valutazione continua e regolazioni: Valuta regolarmente l'efficacia delle tue strategie di affrontamento. Se qualcosa non funziona, adatta le tue approcci e prova nuove strategie per trovare ciò che meglio si adatta a te.

La valutazione consapevole dello stress e l'attuazione di strategie di affrontamento efficaci sono passi essenziali per affrontare l'ansia in modo adattativo. Sviluppare la resilienza emotiva e saper affrontare le sfide della vita può migliorare significativamente la tua qualità di vita e il benessere.

Consultare professionisti della salute mentale

Quando ci troviamo ad affrontare un'ansia grave o persistente, è cruciale cercare l'aiuto di professionisti della salute mentale per una guida specialistica e un trattamento adeguato. Ecco i dettagli sull'importanza e sul processo di cercare supporto professionale per affrontare l'ansia:

Importanza della ricerca di aiuto professionale: L'ansia può manifestarsi in varie forme e intensità, e in alcuni casi può essere difficile da gestire da soli. I professionisti della salute mentale hanno la formazione e l'esperienza necessarie per valutare, diagnosticare e trattare in modo efficace i disturbi d'ansia.

Tipi di professionisti della salute mentale: Esistono vari tipi di professionisti della salute mentale che possono aiutare nel trattamento dell'ansia, tra cui psicologi, psichiatri, terapisti occupazionali, assistenti sociali clinici e altri. Ognuno ha un approccio specifico e può essere consigliato in base alla situazione e alle esigenze individuali.

Il ruolo dello psicologo: Gli psicologi sono specialisti nella valutazione e nel trattamento dei problemi di salute mentale, compresa l'ansia. Utilizzano tecniche terapeutiche come la terapia cognitivo-comportamentale per aiutare le persone a comprendere e modificare i modelli di pensiero disfunzionali che contribuiscono all'ansia.

Il ruolo dello psichiatra: Gli psichiatri sono medici specializzati nella diagnosi, nel trattamento e nella prevenzione dei disturbi mentali, compresa l'ansia. Possono prescrivere farmaci, se necessario, e possono combinare trattamenti farmacologici con la terapia per un trattamento completo.

Procedura per la ricerca di aiuto: Inizia cercando e identificando professionisti della salute mentale nella tua zona. Puoi chiedere raccomandazioni a medici, amici o familiari. Assicurati che il professionista sia autorizzato e abbia esperienza nel trattamento dell'ansia.

Prenotazione di una consultazione: Contatta il professionista scelto per prenotare una consulenza. Durante la prima visita, discuterai dei tuoi sintomi, della storia medica e di eventuali preoccupazioni. Questa consultazione iniziale consente al professionista di comprendere la tua situazione e di proporre un piano di trattamento.

Valutazione e diagnosi: Durante la consultazione, il professionista della salute mentale condurrà una valutazione dettagliata per diagnosticare il tipo e la gravità dell'ansia. La diagnosi è fondamentale per lo sviluppo di un piano di trattamento efficace.

Piano di trattamento personalizzato: Dopo la valutazione, il professionista della salute mentale creerà un piano di trattamento personalizzato che potrebbe includere terapia, farmaci, strategie di coping e cambiamenti nello stile di vita.

Follow-up e adattamenti: È fondamentale seguire il piano di trattamento proposto e partecipare alle visite di follow-up. Se necessario, il piano può essere adattato in base ai progressi o ai cambiamenti delle esigenze.

Partecipazione attiva al trattamento: È essenziale partecipare attivamente al trattamento, condividendo informazioni sui progressi, preoccupazioni e cambiamenti percepiti. Questo aiuta il professionista a adattare il trattamento, se necessario.

Cercare aiuto da professionisti della salute mentale è un passo cruciale nella gestione dell'ansia. Forniranno guida, supporto e gli strumenti necessari per aiutarti a superare le sfide legate all'ansia e migliorare la tua qualità della vita.

6
IMPATTI SULLA SALUTE FISICA

Il corpo parla il linguaggio dell'ansia; ascoltalo e prenditi cura di te, poiché siamo opere d'arte in costante restauro.

L'ansia, questa reazione emotiva e fisiologica che tutti noi sperimentiamo in qualche momento della nostra vita, è una forza potente e sfaccettata. È una risposta del nostro organismo allo stress, un meccanismo antico che ci prepara ad affrontare le minacce percepite, mobilitando le nostre energie e concentrazione per superare le sfide. Tuttavia, quando questa risposta diventa cronica, incontrollata e sproporzionata alle situazioni reali, smette di essere nostra alleata e diventa una fonte costante di angoscia e turbamento.

In questo capitolo, entriamo nel regno degli effetti che l'ansia può avere sulla nostra salute fisica. Non è solo un peso per la nostra mente; è un fardello che il nostro corpo deve sopportare. L'ansia non si limita a innescare una risposta di lotta o fuga; essa influenza il nostro sistema nervoso, la nostra muscolatura, i nostri modelli di sonno e, in ultima analisi, la nostra salute fisica nel suo complesso.

Esploreremo gli effetti di questa ansia prolungata, come la manifestazione di dolori fisici, tensione muscolare persistente e disturbi del sonno. Comprenderemo come questa risposta allo stress influisca sui nostri organi, sul nostro sistema immunitario e sul nostro benessere fisico complessivo. Inoltre, discuteremo strategie e approcci per attenuare questi impatti dannosi sulla salute fisica, con l'intento di offrire percorsi per alleggerire questo onere che l'ansia pone sul nostro corpo.

Preparandoci per questa immersione nell'impatto fisico dell'ansia, è imperativo ricordare che corpo e mente sono intrinsecamente interconnessi. Ciò che colpisce uno, influisce sull'altro. Quindi, affrontando gli effetti dell'ansia sulla salute fisica, stiamo indirettamente parlando del suo effetto sulla salute mentale e viceversa. È una danza complessa e vitale che dobbiamo comprendere per migliorare la nostra qualità della vita e promuovere una salute integrale ed equilibrata.

EFFETTI DELL'ANSIA SUL NOSTRO CORPO

Quando ci troviamo in uno stato di ansia, il nostro corpo reagisce come se fossimo in pericolo, attivando una risposta da stress conosciuta come "lotta o fuga". Questa risposta scatena una serie di reazioni fisiologiche che si manifestano in modi vari e spesso angoscianti:

Dolori fisici

L'ansia può avere manifestazioni fisiche evidenti, e una delle forme più comuni è attraverso dolori in diverse parti del corpo. Questi dolori possono variare in intensità e localizzazione e sono spesso scatenati dalla tensione muscolare causata dall'ansia. Esploriamo ulteriori dettagli su questo fenomeno:

Localizzazioni comuni dei dolori fisici: L'ansia può manifestarsi sotto forma di dolori fisici in varie parti del corpo, tra cui testa, collo, spalle, schiena e stomaco. Le aree più colpite tendono ad essere quelle in cui si accumula la tensione muscolare a causa dello stress e dell'ansia costanti.

Tensione muscolare e dolori: La tensione muscolare, una risposta fisica allo stress e all'ansia, è un meccanismo di difesa del corpo. Tuttavia, la tensione cronica può portare a mal di testa, emicranie, dolori alla schiena e disagio addominale, tra gli altri sintomi.

Ciclo dolore-ansia: Si può sviluppare un ciclo dannoso in cui i dolori fisici causati dall'ansia generano più ansia, creando un ciclo in cui il dolore genera più ansia e viceversa. Questo ciclo può essere difficile da interrompere senza interventi adeguati.

Connessione corpo-mente: Il corpo e la mente sono profondamente interconnessi. Lo stress emotivo e l'ansia possono manifestarsi fisicamente a causa del rilascio di ormoni da stress e della tensione muscolare. Allo stesso modo, il disagio fisico può influire sulla nostra salute mentale e sul benessere emotivo.

Risposta del sistema nervoso: L'ansia attiva il sistema nervoso simpatico, innescando reazioni fisiche da lotta o fuga. Ciò può comportare un aumento della frequenza cardiaca, respirazione veloce e tensione muscolare, contribuendo alla sensazione di dolore e disagio.

Strategie di sollievo: Per interrompere il ciclo dolore-ansia, è essenziale adottare strategie volte a alleviare sia il dolore fisico che l'ansia. Questo può includere terapie fisiche come il massaggio terapeutico e tecniche di rilassamento come la meditazione e la respirazione profonda.

Professionista della salute: Se i dolori fisici persistono o peggiorano, è importante cercare la guida di un professionista della salute. Essi possono aiutare a valutare e offrire trattamenti specifici per alleviare il dolore e affrontare l'ansia sottostante.

I dolori fisici possono diventare cronici se l'ansia persiste, portando a un ciclo in cui il dolore genera più ansia e viceversa. Comprendere la relazione tra ansia e dolori fisici è cruciale per adottare approcci efficaci che tengano conto sia degli aspetti emotivi che di quelli fisici del benessere. Il trattamento integrato, che considera l'interazione tra corpo e mente, è spesso il più efficace per gestire queste complesse interconnessioni.

Disturbi del sonno

La relazione tra ansia e disturbi del sonno è complessa e può creare un ciclo vizioso che influisce significativamente sulla qualità del sonno e sull'ansia. Approfondiamo questo argomento:

Disturbi del sonno comuni associati all'ansia: L'ansia può causare vari disturbi del sonno, tra cui insonnia, difficoltà ad addormentarsi, restare addormentati e frequenti incubi. Questi disturbi derivano dall'incapacità di calmare la mente prima di dormire a causa dell'ansia persistente.

Ciclo negativo tra ansia e sonno: L'ansia può scatenare disturbi del sonno, e la mancanza di sonno adeguato può peggiorare l'ansia. Si tratta di un ciclo negativo in cui l'ansia ostacola il sonno e la privazione del sonno aumenta l'ansia, creando un ciclo dannoso.

Mente agitata e insonnia: Una mente agitata e preoccupata, comune nelle persone ansiose, può impedire al corpo e alla mente di calmarsi a sufficienza per un sonno riposante. Pensieri incessanti e preoccupazioni possono mantenere la persona sveglia o interrompere il sonno durante la notte.

Impatto della privazione del sonno sull'ansia: La mancanza di sonno adeguato influisce negativamente sulla nostra capacità di affrontare lo stress e regolare le emozioni. Ciò amplifica i sintomi dell'ansia, rendendo più difficile gestire le sfide quotidiane.

Sonno riposante e salute mentale: Un sonno riposante è vitale per la salute mentale. Durante il sonno, il cervello elabora emozioni ed eventi della giornata, consolidando i ricordi e ricaricando la mente per il giorno successivo. La privazione del sonno può compromettere queste funzioni fondamentali.

Strategie per migliorare il sonno: Adottare una routine di sonno coerente, creare un ambiente favorevole al sonno, evitare la caffeina e i dispositivi elettronici prima di dormire e praticare tecniche di rilassamento possono aiutare a migliorare la qualità del sonno e, di conseguenza, ridurre l'ansia associata.

Intervento professionale: Se i disturbi del sonno persistono e influenzano significativamente la qualità della vita, è fondamentale cercare l'aiuto di un professionista della salute mentale. Essi possono valutare e offrire trattamenti specifici per migliorare il sonno e affrontare l'ansia sottostante.

Comprendere gli effetti fisici dell'ansia è una parte essenziale di ciò che rende questa condizione così debilitante. Comprendere come l'ansia influisce sul corpo è fondamentale per cercare strategie efficaci di gestione che mirino non solo alla mente, ma anche alla salute fisica, promuovendo un equilibrio completo per il nostro benessere.

EFFETTI A LUNGO TERMINE DELL'ANSIA SULLA NOSTRA SALUTE FISICA

L'ansia, quando cronica e non adeguatamente gestita, può avere impatti duraturi e significativi sulla nostra salute fisica. Questi effetti a lungo termine si manifestano in modi diversi, influenzando diversi sistemi e organi del nostro corpo:

Sistema cardiovascolare

L'ansia cronica può esercitare una pressione aggiuntiva sul sistema cardiovascolare, aumentando il rischio di malattie cardiache. L'esposizione continua a livelli elevati di ormoni dello stress, come il cortisolo e l'adrenalina, può portare all'aumento della frequenza cardiaca, dell'ipertensione e di altri fattori di rischio cardiovascolare. Nel tempo, ciò può contribuire allo sviluppo di condizioni cardiache come l'ipertensione, le aritmie e la malattia coronarica.

Sistema immunitario

L'ansia cronica può compromettere il sistema immunitario, rendendoci più suscettibili a infezioni e malattie. Lo stress prolungato può sopprimere la funzione immunitaria, riducendo l'efficacia delle nostre difese naturali contro i patogeni. Ciò può comportare un maggior numero di infezioni, raffreddori e altre malattie, influenzando la nostra qualità di vita e il benessere.

Sistema respiratorio

L'ansia può influire sul sistema respiratorio, portando a sintomi come respirazione rapida, mancanza di respiro e sensazione di soffocamento. Nel lungo termine, questa respirazione inadeguata può contribuire allo sviluppo di problemi respiratori cronici, come la sindrome da iperventilazione. L'ansia può anche peggiorare condizioni respiratorie preesistenti, come l'asma e la broncopneumopatia cronica ostruttiva (BPCO).

Sistema digestivo

L'ansia cronica può danneggiare il sistema diges-tivo, portando a problemi come la sindrome dell'intestino irritabile (IBS), le ulcere, il bruciore di stomaco e altri disturbi gastrointestinali. Lo stress prolungato può influenzare la motilità del tratto gastrointestinale, causando disagio addominale, diarrea, stitichezza e dolore.

Sistema muscolo-scheletrico

La tensione muscolare cronica derivante dall'ansia può portare a problemi muscolo-scheletrici a lungo termine. La tensione persistente può causare dolori muscolari, rigidità e usura delle articolazioni, influenzando la mobilità e la qualità della vita.

Sistema nervoso centrale

L'ansia cronica può alterare la struttura e la funzione del cervello nel corso del tempo. Gli studi indicano che le aree del cervello coinvolte nel processo delle emozioni e nella risposta allo stress possono essere influenzate in modo avverso dall'ansia persistente. Queste modifiche possono essere correlate a un aumento del rischio di disturbi neurologici e psichiatrici.

Comprendere questi effetti a lungo termine dell'ansia sulla salute fisica è cruciale per riconoscere l'importanza di affrontare l'ansia in modo olistico. Le strategie efficaci per la gestione dell'ansia mirano non solo a alleviare i sintomi immediati, ma anche a proteggere e promuovere la salute fisica a lungo termine.

STRATEGIE PER MITIGARE GLI IMPATTI FISICI DELL'ANSIA

L'ansia può esercitare una notevole pressione sul nostro corpo, portando a vari effetti fisici avversi. Tuttavia, esistono strategie efficaci che possono essere messe in atto per aiutare ad alleviare e mitigare questi impatti negativi sul nostro benessere fisico. Ecco approcci efficaci per mitigare gli impatti fisici dell'ansia:

Esercizio fisico

L'attività fisica regolare è uno strumento potente per alleviare gli effetti fisici dell'ansia. Aiuta a rilasciare endorfine, i neurotrasmettitori del benessere, riduce la tensione muscolare, migliora il sonno e allevia lo stress. Qualsiasi forma di attività fisica, che sia camminare, correre, praticare yoga o nuotare, può essere benefica.

Tecniche di rilassamento

Incorporare tecniche di rilassamento nella routine quotidiana, come la meditazione, la respirazione profonda, il rilassamento muscolare progressivo e il biofeedback, può ridurre la tensione muscolare e calmare il sistema nervoso. Queste tecniche aiutano a ridurre la risposta allo stress, promuovendo una sensazione di calma e tranquillità.

Alimentazione salutare

Una dieta equilibrata e salutare può avere un impatto positivo sull'ansia e sugli effetti fisici ad essa associati. Evitare l'eccesso di caffeina, zucchero e cibi processati può contribuire a stabilizzare l'umore ed l'energia, riducendo le brusche fluttuazioni. Scegliere alimenti ricchi di nutrienti e vitamine, come frutta, verdura, cereali integrali e proteine magre, può sostenere la salute fisica ed emotiva.

Sonno adeguato

Garantire una quantità sufficiente di sonno di qualità è fondamentale per contrastare gli effetti dell'ansia sul sonno. Pratiche regolari di igiene del sonno, come mantenere un orario di sonno coerente, creare un ambiente favorevole al sonno e limitare l'esposizione a dispositivi elettronici prima di coricarsi, possono migliorare la qualità del sonno e, di conseguenza, ridurre i sintomi fisici legati all'ansia.

Attività ricreative e di tempo libero

Partecipare a attività ricreative e di tempo libero che apportino piacere e relax, come hobby, lettura, arte, musica o tempo all'aperto, può contribuire a ridurre l'ansia e i suoi effetti fisici. Queste attività promuovono una pausa dalla tensione quotidiana, consentendo momenti di distensione e rinnovamento.

Terapia occupazionale

La terapia occupazionale o la fisioterapia possono essere benefiche per alleviare gli effetti fisici dell'ansia, in particolare la tensione muscolare. I professionisti possono insegnare esercizi specifici di stretching e rilassamento, così come tecniche per migliorare la postura e la mobilità, riducendo il dolore e il disagio.

Terapia psicologica

La Terapia Cognitivo Comportamentale (CBT) e altri approcci terapeutici possono aiutare a gestire l'ansia, riducendo i suoi impatti fisici. Queste terapie aiutano a identificare schemi di pensiero negativi e a sviluppare abilità per affrontare lo stress in modo più efficace.

Supervisione medica

Nei casi più gravi di ansia con significativi effetti fisici, la supervisione di un professionista della salute, come un medico o uno psichiatra, è fondamentale. Essi possono raccomandare farmaci o altre interventi appropriati per alleviare i sintomi fisici ed emotivi.

In questo capitolo, esploriamo dettagliatamente gli effetti che l'ansia ha sul nostro corpo fisico. L'ansia non è solo un fenomeno mentale, ma qualcosa che si manifesta nel nostro corpo in modi complessi e spesso debilitanti. Dalle dolori fisiche ai disturbi del sonno, abbiamo visto come l'ansia possa influire profondamente sulla nostra salute fisica. Comprendere questi effetti è fondamentale per sviluppare strategie che ci aiutino a mitigare l'impatto dell'ansia sul nostro benessere fisico.

Adottare strategie per mitigare gli impatti fisici dell'ansia come parte di un approccio globale alla gestione di essa può avere un impatto positivo sulla nostra salute fisica ed emotiva. Ricordate che ogni persona è unica, quindi è importante sperimentare e adattare queste strategie in base alle vostre esigenze e preferenze. La chiave è cercare un equilibrio che promuova una vita più sana e felice.

Nel prossimo capitolo, capiremo come l'ansia sia spesso un circolo vizioso, in cui i sintomi si alimentano reciprocamente, creando una spirale discendente. Comprendendo questa dinamica, possiamo iniziare a spezzare questo ciclo e trovare modi per interrompere la sua progressione negativa.

7

IL CIRCOLO VIZIOSO DELL'ANSIA

Spezza le catene del circolo vizioso, scopri la tua libertà e respira l'aria della tranquillità.

L'ansia è una forza potente che può radicarsi nelle nostre vite, creando un circolo vizioso che sembra insormontabile. È un'esperienza complessa, spesso innescata da situazioni scatenanti che provocano una risposta emotiva intensa. Ma ciò che accade da lì è un'interconnessione complessa di risposte fisiologiche, comportamentali ed emotive, creando una spirale discendente che influisce su ogni aspetto del nostro essere.

In questo capitolo, entriamo nel cuore di questo circolo vizioso. Sveleremo i suoi strati, capiremo i suoi ingranaggi e, cosa più importante, impareremo a spezzarlo. Comprendere il ciclo autoalimentante dell'ansia ci consente di adottare strategie specifiche e intenzionali per interromperlo e promuovere una completa ripresa.

COMPRENSIONE DEL CICLO AUTOALIMENTANTE DELL'ANSIA

L'ansia non è un evento isolato; è un processo complesso e interattivo che può trasformarsi in un ciclo autoalimentante. Comprendere profondamente questo ciclo è fondamentale per capire come l'ansia persista e addirittura si intensifichi nel tempo. Esploreremo dettagliatamente i meccanismi coinvolti nel circolo vizioso dell'ansia.

Scatenatori iniziali: L'inizio del ciclo

Il ciclo dell'ansia ha il suo punto di partenza nei scatenatori iniziali, che sono situazioni, eventi o stimoli che avviano la catena di reazioni che culmina nell'esperienza dell'ansia. Esploreremo più dettagliatamente questa fase cruciale del ciclo dell'ansia:

Natura dei scatenatori: I scatenatori possono essere vari, compresi situazioni stressanti sul lavoro, eventi traumatici passati, incertezze sul futuro, paure specifiche (come la paura di volare, dei ragni, dei luoghi chiusi) o persino una reazione a un ambiente particolare, come grandi folle o spazi aperti.

Individualità dei scatenatori: Ogni persona ha le proprie sensibilità e scatenatori unici che innescano l'ansia. Ciò che può essere uno scatenatore per una persona potrebbe non influenzare un'altra nello stesso modo. Questa individualità è il risultato di esperienze di vita, personalità, storia personale e altri fattori che modellano le percezioni e le risposte di ciascun individuo.

Varietà dei scatenatori: I scatenatori possono variare in intensità e frequenza. Alcuni scatenatori possono essere occasionali, mentre altri possono essere persistenti. Possono emergere in modo imprevisto o essere prevedibili. La vasta gamma di scatenatori rende essenziale una comprensione individualizzata nel processo di gestione dell'ansia.

Risposte ai scatenatori: Le risposte ai scatenatori possono includere una risposta emotiva immediata, come la paura, l'ansia, il panico, la tristezza o la rabbia. Queste reazioni emotive spesso innescano una serie di reazioni fisiche, cognitive e comportamentali, avviando il ciclo dell'ansia.

Collegamento con esperienze passate: Traumi passati, esperienze negative o persino esperienze positive possono plasmare la sensibilità ai scatenatori. L'associazione di una situazione attuale con esperienze precedenti può intensificare la reazione d'ansia, creando un legame tra passato e presente.

Identificazione e gestione: Identificare i scatenatori è un passo fondamentale per gestire l'ansia. Questo consente lo sviluppo di strategie di coping adeguate per affrontare queste situazioni in modo sano e costruttivo, spezzando il circolo vizioso dell'ansia.

Comprendere la natura e l'individualità dei scatenatori iniziali è cruciale per sviluppare strategie efficaci di gestione e interrompere il ciclo dell'ansia. Riconoscendo e comprendendo ciò che scatena l'ansia, le persone possono lavorare sulla prevenzione e sulla gestione efficace di tali situazioni per migliorare la loro qualità della vita e il benessere emotivo.

Risposta di combatti o fuggi: Attivazione del corpo

La risposta di combatti o fuggi è una reazione automatica e istintiva che si verifica di fronte a stimoli percepiti come minacciosi. Nell'ansia, questa risposta è attivata dal sistema nervoso autonomo e comporta una serie di cambiamenti fisici ed ormonali. Approfondiamo la comprensione di questa risposta fondamentale nel ciclo d'ansia:

Natura della risposta di combatti o fuggi: La risposta di combatti o fuggi è una risposta primitiva che ha lo scopo di preparare l'organismo a fronteggiare o fuggire da una minaccia percepita. Anche in situazioni moderne, questa risposta persiste e può essere scatenata da stimoli percepiti come pericolosi o stressanti.

Sistema nervoso autonomo: Il sistema nervoso autonomo, composto dai sistemi nervosi simpatico e parasimpatico, svolge un ruolo centrale nella risposta di combatti o fuggi. Quando attivato, prepara il corpo all'azione immediata.

Rilascio di ormoni dello stress: L'attivazione della risposta di combatti o fuggi scatena il rilascio di ormoni dello stress, come l'adrenalina e il cortisolo, nel flusso sanguigno. Questi ormoni preparano il corpo per una risposta efficace di fronte alla minaccia percepita.

Adrenalina: L'adrenalina è un ormone che prepara il corpo all'azione immediata. Aumenta la frequenza cardiaca, aumenta la pressione sanguigna, dilata le vie respiratorie, fornisce energia immediata e acuisce i sensi. Questi cambiamenti fisici preparano il corpo a reagire rapidamente.

Cortisolo: Il cortisolo è un altro ormone rilasciato durante la risposta di combatti o fuggi. Aumenta il glucosio nel sangue per fornire energia rapida ai muscoli e al cervello. Il cortisolo sopprime anche le funzioni non essenziali in momenti di stress, come la digestione.

Reazioni fisiche preparatorie: Oltre al rilascio di ormoni, il corpo risponde con cambiamenti fisici immediati, tra cui la dilatazione delle pupille, un aumento della frequenza cardiaca, respirazione più veloce e superficiale, aumento della sudorazione e contrazione muscolare. Queste reazioni preparano il corpo all'azione, che sia per combattere la minaccia o fuggire da essa.

Scopo evolutivo: La risposta di combatti o fuggi ha svolto un ruolo cruciale nella sopravvivenza dei nostri antenati, consentendo reazioni rapide di fronte a predatori o situazioni pericolose. Sebbene la nostra vita moderna presenti sfide diverse, questa risposta continua a essere attivata in situazioni di stress e ansia.

Comprendere l'attivazione del corpo durante la risposta di combatti o fuggi nell'ansia è fondamentale per affrontare efficacemente il ciclo dell'ansia. Le strategie di gestione dello stress e dell'ansia possono essere mirate a modulare questa risposta e promuovere un equilibrio tra la reazione allo stress e il benessere emotivo.

Manifestazione fisica ed emozionale: Sensazioni di ansia

Quando la risposta di combatti o fuggi viene innescata dall'ansia, essa si manifesta in varie sensazioni fisiche ed emotive che possono essere travolgenti e intensificare la sensazione d'ansia. Approfondiamo queste manifestazioni:

Accelerazione cardiaca: Una delle manifestazioni fisiche comuni è l'accelerazione del battito cardiaco. Il cuore inizia a battere più velocemente come parte della preparazione a una possibile azione di fronteggiamento.

Respirazione superficiale o ansimante: La respirazione può diventare più superficiale e veloce. Ciò avviene per garantire che il corpo riceva abbastanza ossigeno per affrontare la situazione percepita come minacciosa.

Tensione muscolare: L'attivazione del sistema nervoso autonomo durante l'ansia porta a una tensione muscolare generalizzata. I muscoli possono diventare contratti e rigidi, contribuendo a sensazioni scomode.

Eccessiva sudorazione: L'ansia può innescare una risposta di sudorazione eccessiva, risultando in mani sudate, palme sudate e in alcuni casi sudorazione generalizzata.

Vertigini e sensazione di stordimento: Alcune persone possono sperimentare vertigini o una sensazione di stordimento. Ciò è legato alla risposta del sistema vestibolare dell'orecchio interno allo stress.

Disagio gastrointestinale: L'ansia può influenzare il tratto gastrointestinale, portando a sensazioni di disagio addominale, nausea o diarrea.

Agitazione e sensazione di irritazione: Le persone ansiose spesso manifestano agitazione fisica, come agitare le gambe, dondolare i piedi o muovere costantemente le mani.

Pensieri intrusivi: La mente può essere invasa da pensieri preoccupanti e intrusivi legati alla situazione stressante. Questi pensieri possono diventare ossessivi.

Paura e preoccupazioni intensificate: La risposta di combatti o fuggi può amplificare la paura e le preoccupazioni legate alla situazione scatenante, portando a una spirale d'ansia.

Sensazione di imminente pericolo: Una sensazione generale di pericolo imminente o di minaccia imminente è comune durante un episodio d'ansia attivato dal ciclo di combatti o fuggi.

Queste manifestazioni fisiche ed emotive dell'ansia possono essere travolgenti e contribuire a un ciclo d'ansia persistente. Comprendere queste manifestazioni è fondamentale per sviluppare strategie efficaci di gestione, tra cui tecniche di rilassamento, meditazione e terapia cognitivo-comportamentale, mirate a calmare il corpo e la mente, interrompere il ciclo d'ansia e promuovere la ripresa mentale.

Schema di pensiero negativo: Ciclo cognitivo

Gli schemi di pensiero negativo svolgono un ruolo fondamentale nel ciclo d'ansia, influenzando come percepiamo e rispondiamo alle situazioni scatenanti. Approfondiamo questo ciclo cognitivo e come esso si relaziona all'ansia:

Previsione del peggio: Durante un episodio d'ansia, la mente tende a prevedere il peggior scenario possibile in relazione alla situazione scatenante. Questa anticipazione eccessiva e pessimistica può intensificare l'ansia.

Catastrofizzazione: La tendenza alla catastrofizzazione è amplificata nell'ansia. Le persone possono immaginare le peggiori conseguenze di una situazione, anche se sono altamente improbabili. Questa amplificazione del pericolo può portare a un aumento esponenziale dell'ansia.

Preoccupazione eccessiva: La mente ansiosa può entrare in un ciclo di preoccupazione eccessiva. I pensieri continuano a ruotare attorno alla situazione, spesso ripetendo le stesse paure e incertezze, portando a un aumento dello stato d'ansia.

Pensieri autodeprecanti: Durante l'ansia, l'autostima può essere compromessa. Gli individui possono avere pensieri negativi su se stessi, dubitando delle proprie capacità. Questi pensieri autodeprecanti possono intensificare l'ansia.

Autocritica costante: L'autocritica è comune nell'ansia. Le persone possono criticare se stesse in modo implacabile, concentrandosi sugli errori percepiti o presunte mancanze, il che può alimentare ulteriormente l'ansia e la paura.

Ruminazione sul passato: La mente ansiosa spesso si attarda sugli eventi passati, rivisitando situazioni in cui si è sentita ansiosa o insicura. Questo abitudine alla ruminazione può intensificare l'ansia rafforzando gli schemi di pensiero negativi.

Eccessiva gravità della situazione: Gli schemi di pensiero negativo possono portare a una visione esagerata della gravità della situazione. Le preoccupazioni possono essere amplificate, portando a un'ansia eccessiva.

Iper-vigilanza: L'ansia può portare a una sorveglianza eccessiva delle possibili minacce. Ciò significa che le persone sono costantemente attente ai segnali di pericolo, perpetuando il ciclo d'ansia.

Comprendere questi schemi di pensiero è essenziale per affrontare l'ansia in modo efficace. La modifica dei modelli cognitivi può interrompere il ciclo negativo e promuovere una migliore salute mentale.

Comportamenti di evitamento e sicurezza: Risposte di adattamento

I comportamenti di evitamento e sicurezza sono strategie che le persone adottano per affrontare l'ansia. Approfondiamo la nostra comprensione di queste risposte adattive e di come influenzano il ciclo d'ansia:

Evitamento: L'evitamento comporta l'evitare o allontanarsi da situazioni, attività o luoghi percepiti come scatenanti dell'ansia. Può includere l'evitare incontri sociali, luoghi affollati, presentazioni pubbliche o qualsiasi situazione che provochi disagio. L'evitamento fornisce un sollievo immediato, ma mantiene l'ansia nel lungo termine poiché la persona non affronta e supera le proprie preoccupazioni.

Ricerca di garanzie: Alcune persone cercano garanzie per sentirsi più sicure in situazioni ansiose. Ciò può includere chiedere ripetutamente l'opinione degli altri per convalidare le proprie decisioni, cercare costantemente informazioni su una situazione o compiere verifiche ripetute per assicurarsi che tutto sia in ordine. Questa ricerca di garanzie allevia temporaneamente l'ansia, ma non risolve la causa sottostante.

Rituali ripetitivi: I rituali ripetitivi, noti anche come compulsioni, sono azioni o comportamenti eseguiti in modo ripetitivo in risposta all'ansia. Possono includere il lavaggio eccessivo delle mani, il controllo ripetuto delle porte, il conteggio compulsivo o l'esecuzione di movimenti specifici. Questi rituali offrono una temporanea sensazione di controllo sull'ansia, ma a lungo termine contribuiscono al mantenimento dell'ansia.

Evitare situazioni scomode: Evitare situazioni che scatenano ansia è una forma comune di comportamento di evitamento. Le persone possono evitare situazioni sociali, sfide sul lavoro o addirittura attività quotidiane che temono possano scatenare l'ansia. L'evitamento limita l'esposizione all'ansia, ma limita anche la crescita personale e il superamento delle preoccupazioni.

Dipendenza dalle "Zone di comfort": Alcune persone creano zone di comfort, dove si sentono al sicuro e meno ansiose. Possono aggrapparsi a ambienti o attività specifiche che forniscono comfort, rifiutandosi di uscire da queste zone. Anche se possono provare un temporaneo sollievo, questa dipendenza dalle zone di comfort non affronta l'ansia sottostante e può portare a una vita limitata.

Modelli di evitamento generalizzato: Nel tempo, l'evitamento può diventare generalizzato, portando all'evitamento di una vasta gamma di situazioni. Ciò limita la vita della persona, creando ostacoli alla crescita personale e al raggiungimento degli obiettivi.

Questi comportamenti di evitamento e sicurezza sono compresi come meccanismi di adattamento che offrono un sollievo momentaneo dall'ansia. Tuttavia, nel lungo termine, mantengono l'ansia e contribuiscono alla persistenza del ciclo d'ansia.

Rafforzamento del ciclo: Apprendimento e condizionamento

Approfondendo la nostra comprensione su come l'ansia si perpetua, esploreremo la fase di rafforzamento del ciclo, che coinvolge l'apprendimento e il condizionamento. Questo processo svolge un ruolo cruciale nella persistenza dell'ansia e nella sua intensificazione nel tempo:

Apprendimento associativo: Ogni volta che una persona sperimenta la risposta di lotta o fuga in una determinata situazione ansiosa, si verifica un processo di apprendimento associativo nel cervello. Questo associa gli stimoli o le situazioni scatenanti ai sentimenti d'ansia sperimentati. Ad esempio, se una persona prova ansia durante una presentazione pubblica, la sua mente associa quella situazione specifica (palco, pubblico, ecc.) ai sintomi d'ansia.

Rafforzamento dell'ansia: Questo apprendimento associativo rafforza la risposta d'ansia. Ogni volta che la persona è esposta alla situazione temuta, il cervello riafferma questa associazione ansiosa. Di conseguenza, l'ansia aumenta e diventa una risposta automatica a tali stimoli.

Condizionamento classico: Questo processo è simile al condizionamento classico, un concetto ampiamente studiato in psicologia. Lo stimolo neutro originale (la situazione) diventa uno stimolo condizionato che elicita una risposta d'ansia simile alla situazione reale. Il cervello impara ad aspettarsi l'ansia in presenza di questi stimoli condizionati.

Sensibilizzazione: Con il tempo e la ripetizione di questo processo, si verifica la sensibilizzazione. Ciò significa che l'ansia si intensifica nel tempo, diventando più pronunciata e difficile da controllare. Il ciclo d'ansia si perpetua, e affrontare le situazioni temute può diventare ancora più impegnativo.

Difficoltà nel rompere il ciclo: La sensibilizzazione e il condizionamento portano a un ciclo autoperpetuante. Il cervello è ora altamente sensibilizzato ad associare questi stimoli all'ansia, rendendo più difficile interrompere il ciclo. Anche situazioni inizialmente non ansiose possono iniziare a evocare ansia a causa di questo condizionamento.

Comprendere questa dinamica di rafforzamento è cruciale per affrontare l'ansia in modo efficace.

Persistenza e intensificazione: Il ciclo perpetuo

Approfondiamo la nostra comprensione della fase di persistenza e intensificazione nel ciclo autoperpetuante dell'ansia, capendo come questo ciclo si rafforza e persiste nel tempo:

Automatizzazione della risposta ansiosa: Man mano che il ciclo d'ansia si ripete, la risposta ansiosa diventa automatizzata. Il cervello crea un collegamento forte e rapido tra i trigger e la risposta d'ansia, portando a una reazione praticamente istantanea.

Allargamento delle situazioni ansiose: Nel tempo, l'ansia può generalizzarsi oltre le situazioni o gli stimoli iniziali. Inizialmente associata a trigger specifici, l'ansia inizia ad essere scatenata da una gamma più ampia di stimoli, correlati o meno alla situazione originale.

Ciclo di rinforzo reciproco: L'intensificazione dell'ansia e la sua generalizzazione portano a un ciclo che si rinforza reciprocamente. L'ansia generalizzata amplifica la sensazione di pericolo percepito, alimentando il ciclo e rendendolo più difficile da interrompere.

Difficoltà a distinguere causa ed effetto: Con l'intensificazione del ciclo, diventa una sfida per la persona distinguere ciò che è venuto per primo: l'ansia o la situazione che la scatena. Questo processo rende difficile l'identificazione precisa delle radici dell'ansia, complicando l'intervento efficace.

Perpetuazione inconscia: Parte di questo ciclo avviene in modo inconscio. I modelli di risposta ansiosa possono essere così automatici e sottili che la persona potrebbe non rendersi conto consapevolmente di essere intrappolata in questo ciclo autoperpetuante.

Necessità di intervento consapevole: Date l'automatizzazione e la generalizzazione dell'ansia, è necessario uno sforzo cosciente e un intervento terapeutico per interrompere questo ciclo. Specifiche strategie terapeutiche, come tecniche di esposizione, ristrutturazione cognitiva e regolazione emotiva, sono vitali per aiutare a interrompere l'intensificazione e la persistenza dell'ansia.

Comprendere questa fase del ciclo autoperpetuante è fondamentale per sviluppare strategie terapeutiche efficaci che possano sfidare e modificare questi schemi, promuovendo una risposta più adattiva alle situazioni che scatenano l'ansia e, quindi, rompendo il persistente ciclo d'ansia.

Identificando i punti di intervento e attuando strategie efficaci, possiamo interrompere il ciclo autoperpetuante e iniziare il nostro percorso verso il recupero e il benessere mentale.

METODI PER ROMPERE IL CICLO E PROMUOVERE LA RIPRESA

Rompendo il ciclo autoperpetuante dell'ansia è essenziale per alleviare la sofferenza e promuovere una migliore salute mentale e fisica. Esploreremo strategie e metodi efficaci per interrompere questo ciclo vizioso e avviare il processo di ripresa.

Consapevolezza ed educazione

Il primo passo cruciale è la consapevolezza della natura del ciclo d'ansia. Comprendere come i trigger, le risposte fisiche e i modelli di pensiero sono interconnessi è fondamentale. L'educazione sull'ansia, i suoi sintomi e i suoi effetti aiuta la persona a riconoscere quando il ciclo ha inizio e ad adottare misure per fermarlo.

Pratica dell'esposizione graduale

L'esposizione graduale è una delle strategie più efficaci per superare l'evitamento. Inizia gradualmente a esporti alle situazioni che ti fanno sentire ansia, iniziando con quelle meno temute. Man mano affronta situazioni più impegnative. Questo aiuta a disattivare la risposta d'ansia e a dimostrare al tuo cervello che la situazione non è così pericolosa come sembra.

Tecniche di rilassamento

Le pratiche di rilassamento, come la respirazione profonda, la meditazione, lo yoga e il mindfulness, possono aiutare a ridurre l'attivazione del sistema nervoso simpatico. Calmando il corpo e la mente, puoi interrompere il ciclo d'ansia, riducendo la risposta fisica allo stress.

Ricerca di aiuto professionale

Un professionista della salute mentale, come uno psicologo o uno psichiatra, può fornire una guida specializzata per comprendere e affrontare l'ansia. La terapia cognitivo-comportamentale (CBT) è un trattamento comune e altamente efficace per i disturbi d'ansia.

Stile di vita salutare

Mantenere uno stile di vita sano, compreso un'alimentazione equilibrata, l'esercizio fisico regolare e una routine adeguata di sonno, può contribuire a equilibrare i neurotrasmettitori e promuovere uno stato mentale più stabile, aiutando a rompere il ciclo dell'ansia.

Apprendere strategie di affronto

Sviluppare abilità di affronto sane, come la risoluzione dei problemi, il pensiero positivo e la comunicazione assertiva, può aiutare a gestire le situazioni scatenanti in modo più efficace, rompendo il ciclo d'ansia.

Pratica del mindfulness

La pratica regolare del mindfulness aiuta a rimanere nel presente, evitando che l'ansia per il futuro e i rimpianti del passato ti trattengano. Questo può interrompere il ciclo autoperpetuante, consentendoti di concentrarti su azioni positive e costruttive.

Incorporare attività di rilassamento nella routine quotidiana

Integrare attività di rilassamento nella tua routine quotidiana, anche nei momenti privi d'ansia, può aiutare a regolare lo stress e a prevenirne l'accumulo, spezzando il ciclo d'ansia.

Supporto sociale

Parlare con amici, familiari o partecipare a gruppi di supporto può fornire il sostegno necessario per rompere il ciclo dell'ansia. Condividere esperienze e imparare dagli altri può essere estremamente utile nel percorso di ripresa.

Cura di sé

Pratica costante di auto-cura. Dedica del tempo a te stesso, fai cose che ti fanno sentire bene, prenditi cura della tua salute fisica ed emotiva. Un corpo e una mente sani sono in grado di rompere il ciclo dell'ansia.

Il ciclo vizioso dell'ansia è una trappola complessa, ma non invincibile. Nel capitolo precedente abbiamo esplorato in dettaglio come l'ansia possa diventare un ciclo autoperpetuante, alimentato da pensieri, risposte fisiche ed emozioni interconnesse. La comprensione è il primo passo vitale per superare questa trappola. Ora ci rivolgiamo a strategie pratiche e accessibili per rompere questo ciclo, riprendere il controllo e lavorare verso una vita più equilibrata e serena.

Il percorso per superare l'ansia passa attraverso l'auto-gestione. Nel prossimo capitolo, approfondiremo strategie preziose per aiutarti a prendere il controllo e recuperare la pace interiore. Dalle pratiche quotidiane alle tecniche profonde di auto-riflessione, impareremo a coltivare la resilienza e a trovare la pace in mezzo alla tempesta dell'ansia. Queste strategie non sono solo strumenti; sono inviti a un nuovo modo di vivere, con fiducia e chiarezza.

8

STRATEGIE DI AUTOGESTIONE

Sii il maestro della tua calma, componi la tua melodia e armonizza il tuo essere.

Viviamo in un mondo in costante movimento, pieno di richieste, aspettative e sfide. In questo scenario, è comune che l'ansia si manifesti, diventando spesso una compagna indesiderata nella nostra quotidianità. L'ansia può variare da lieve a intensa, influenzando la nostra qualità della vita e il benessere. Tuttavia, non siamo destinati a essere prigionieri dell'ansia. Possiamo sviluppare strategie pratiche ed efficaci per gestirla e promuovere il nostro equilibrio emotivo.

Questo capitolo è un viaggio nell'universo delle strategie di autogestione dell'ansia. Esploreremo metodi comprovati che possono aiutare a alleviare l'ansia e portare serenità nella nostra vita. Sono strumenti a nostra disposizione, pronti per essere applicati ed integrati nella nostra routine quotidiana.

Comprenderemo l'importanza dell'accettazione, dell'esercizio fisico, della ristrutturazione cognitiva e di altre pratiche che si sono dimostrate efficaci nel ridurre i livelli di ansia. Inoltre, entreremo nel regno della respirazione consapevole, del rilassamento progressivo e della mindfulness, potenti tecniche che ci connettono al presente e ci aiutano a trovare la pace interiore.

Adottando queste strategie, non stiamo solo combattendo i sintomi dell'ansia. Stiamo coltivando una mentalità resiliente, rafforzando la nostra capacità di affrontare le sfide e promuovendo la nostra salute mentale e fisica.

STRATEGIE PRATICHE PER AFFRONTARE MOMENTI DI FORTE ANSIA

Quando ci troviamo di fronte a momenti di forte ansia, è essenziale avere strategie pratiche che ci aiutino a navigare in queste acque turbolente in modo efficace e sano. L'ansia intensa può manifestarsi in diverse situazioni, dall'ansia prima di una presentazione importante a situazioni di grande incertezza. Sono strategie pratiche che possono aiutare ad affrontare tali momenti e riprendere il controllo delle nostre emozioni:

Respirazione consapevole (o tecnica della respirazione profonda)

La respirazione consapevole è uno strumento potente per alleviare l'ansia immediatamente. Aiuta a calmare il sistema nervoso, riducendo la frequenza cardiaca e la pressione arteriosa. Un semplice esercizio consiste nell'inspirare lentamente dal naso, contando fino a quattro, trattenere il respiro per quattro secondi e quindi espirare dalla bocca contando nuovamente fino a quattro. Ripetere questo ciclo alcune volte può portare un immediato sollievo.

Pratica dell'Accettazione e dell'Impegno (ACT)

L'ACT è un approccio che implica accettare i pensieri e i sentimenti senza giudizio, permettendo loro di passare attraverso la mente senza combatterli. Successivamente, ci si impegna ad agire in base ai valori personali, anche in presenza di quei pensieri scomodi. Ciò aiuta a evitare di combattere l'ansia, il che spesso la intensifica.

Esercizio fisico regolare

La pratica regolare di esercizio fisico, come la camminata, la corsa, lo yoga o la danza, rilascia endorfine, neurotrasmettitori che alleviano lo stress e l'ansia. Inoltre, l'esercizio fisico aiuta a mantenere un sonno sano, fondamentale per il controllo dell'ansia.

Pratica di mindfulness e meditazione

La mindfulness e la meditazione possono aiutare a calmare la mente e a coltivare la consapevolezza del momento presente. Concentrandosi sulla respirazione o su un oggetto specifico, è possibile allontanare i pensieri ansiosi e raggiungere uno stato di calma ed equilibrio.

Impostazione di obiettivi realistici

Stabilire obiettivi realistici e raggiungibili aiuta a ridurre l'ansia legata alle prestazioni. Definire obiettivi specifici, misurabili, raggiungibili, rilevanti e con un termine (noti come obiettivi SMART) può fornire un senso di controllo e ridurre l'ansia.

Tecniche di rilassamento muscolare progressivo

Questa tecnica comporta la contrazione e il rilassamento intenzionale dei gruppi muscolari, iniziando dai piedi e procedendo verso la testa. Questo processo aiuta a liberare la tensione fisica e mentale, promuovendo una sensazione di rilassamento.

Sviluppo di passatempi rilassanti

Praticare passatempi rilassanti, come la pittura, il giardinaggio, la cucina o l'ascolto della musica, può offrire una pausa dalle fonti di stress e ansia, consentendo un periodo di riposo e ricarica.

Pratica del dialogo interno positivo

Sviluppare un dialogo interno positivo e incoraggiante può aiutare a cambiare i modelli di pensiero negativo. Incoraggiarsi con parole di sostegno può modificare la prospettiva e ridurre l'ansia.

Adottare queste strategie pratiche nei momenti di forte ansia può fare una significativa differenza, permettendoci di affrontare le sfide in modo più equilibrato e risoluto. Ogni persona è unica, quindi è importante sperimentare e scoprire quali strategie funzionano meglio per te. L'importante è che queste pratiche siano allineate ai tuoi valori e contribuiscano al tuo benessere mentale.

TECNICHE DI RESPIRAZIONE, RILASSAMENTO E MINDFULNESS PER CONTROLLARE L'ANSIA

Controllare l'ansia può essere ottenuto attraverso tecniche di respirazione, rilassamento e mindfulness. Queste strategie sono efficaci nel calmare la mente, alleviare lo stress e ripristinare l'equilibrio interiore. Di seguito, approfondiremo queste pratiche e come possono essere applicate in modo efficace:

Tecniche di respirazione

La respirazione è uno strumento potente per il controllo dell'ansia, poiché è direttamente collegata al nostro sistema nervoso e allo stato emotivo. Utilizzare tecniche di respirazione può aiutare a calmare la mente, ridurre lo stress e indurre una sensazione di rilassamento. Esploreremo alcune di queste tecniche:

Respirazione diaframmatica (o respirazione addominale): Questa tecnica coinvolge una respirazione profonda, riempiendo prima l'addome e poi il petto. Durante l'inspirazione, l'addome si espande, mentre durante l'espirazione si contrae. Questo aiuta a calmare il sistema nervoso e ridurre l'ansia.

Come fare:

1. Siediti o sdraiati comodamente.
2. Metti una mano sul petto e l'altra sull'addome.
3. Inspirati lentamente dal naso, riempiendo prima l'addome e poi il petto.

4. Espira dalla bocca o dal naso, rilasciando prima l'aria dal petto e poi dall'addome.

Schema di Respirazione 4-7-8: In questo schema, inspiri dal naso contando fino a quattro, trattieni il respiro per sette secondi e poi espiri dalla bocca contando fino a otto. Ripeti questo ciclo alcune volte. Aiuta a calmare la mente e favorisce il sonno.

Come fare:

1. Chiudi gli occhi e metti la punta della lingua sul palato, subito dietro i denti superiori.
2. Espira completamente dalla bocca, producendo un suono simile a "quh" mentre l'aria esce.
3. Chiudi la bocca e inspira silenziosamente dal naso, contando mentalmente fino a quattro.
4. Trattieni il respiro e conta fino a sette.
5. Espira lentamente dalla bocca, contando fino a otto e producendo nuovamente il suono "quh".

Respirazione alternata (Nadi Shodhana): È una tecnica di respirazione utilizzata nello yoga. Coinvolge l'alternanza delle narici durante la respirazione, bilanciando gli emisferi cerebrali e producendo un effetto calmante.

Come fare:

1. Siediti in una posizione comoda con la colonna vertebrale eretta.
2. Usa il pollice per chiudere la narice destra e inspira lentamente attraverso la narice sinistra.

3. Dopo l'inspirazione completa, chiudi la narice sinistra con l'anulare e trattieni il respiro per alcuni secondi.

4. Rilascia la narice destra ed espira lentamente attraverso di essa.

5. Inspirare attraverso la narice destra, chiuderla e espirare attraverso la narice sinistra.

6. Continua ad alternare in questo modo.

Queste tecniche di respirazione sono strumenti preziosi per calmare la mente e il corpo nei momenti d'ansia. Praticarle regolarmente può migliorare la capacità di risposta allo stress, fornendo tranquillità ed equilibrio emotivo. La scelta della tecnica dipenderà dalla situazione e dalle preferenze personali. Prova ciascuna di esse e incorporale nella tua routine per godere dei benefici duraturi.

Tecniche di rilassamento

Oltre alle tecniche di respirazione, ci sono diverse approcci di rilassamento che possono essere molto efficaci nell'alleviare l'ansia e lo stress. Queste tecniche mirano a ridurre la tensione muscolare, calmare la mente e creare uno stato di tranquillità. Esploreremo alcune di esse:

Rilassamento muscolare progressivo: Questa tecnica implica la contrazione e il rilassamento dei gruppi muscolari, iniziando dai piedi e salendo fino alla testa. Aiuta a liberare la tensione accumulata nel corpo.

Come fare:

1. Siediti o sdraiati comodamente.
2. Inizia contrarre i muscoli dei piedi per alcuni secondi e poi rilassali completamente.
3. Prosegui contrattendo e rilassando gradualmente ogni gruppo muscolare, salendo dai piedi alla testa.
4. Contrai i muscoli e senti la tensione in essi, e quando rilassi, senti il rilascio della tensione.

Visualizzazione guidata: Consiste nell'immaginare un ambiente o una situazione rilassante. Puoi creare una scena pacifica nella tua mente e concentrarti su di essa per ridurre l'ansia.

Come fare:

1. Trova un luogo tranquillo e siediti o sdraiati comodamente.
2. Chiudi gli occhi e respira profondamente per rilassarti.
3. Crea una scena rilassante nella tua mente, che sia una spiaggia, un bosco o qualsiasi luogo che ti porti tranquillità.

Visualizza tutti i dettagli di questa scena, dai colori ai suoni e agli odori.

Biofeedback: È un metodo che consente a una persona di imparare a controllare le funzioni corporee, come il battito cardiaco, la pressione sanguigna e la tensione muscolare. Attraverso questo feedback, puoi imparare a rilassarti consapevolmente.

Come fare:

1. Cerca un professionista specializzato in biofeedback.
2. Durante una sessione, dei sensori monitoreranno le tue funzioni corporee.
3. Con la guida del professionista, imparerai tecniche per controllare e ridurre queste funzioni.

Queste tecniche di rilassamento sono preziose per ridurre l'ansia, promuovere il benessere e migliorare la salute mentale. Incorporare queste pratiche nella tua routine quotidiana può fare una significativa differenza su come affronti lo stress e l'ansia. Prova ciascuna di esse e scopri quale si adatta meglio al tuo stile di vita e alle tue esigenze. La pratica regolare di queste tecniche può aiutarti a raggiungere uno stato di calma e equilibrio.

Pratiche di mindfulness

Il mindfulness, una pratica antica con radici nella meditazione buddista, è uno strumento potente per gestire l'ansia. Coinvolge l'attenzione piena e consapevole al momento presente, consentendo una comprensione più profonda di noi stessi e del mondo che ci circonda. Esploreremo alcune pratiche di mindfulness che possono aiutare a ridurre l'ansia e promuovere il benessere mentale:

Meditazione mindfulness: La meditazione mindfulness è uno dei pilastri fondamentali di questa pratica. Implica dedicare del tempo per concentrarsi sulla propria respirazione e sul momento presente. Siediti comodamente, presta attenzione alla tua respirazione e, quando la tua mente vaga (cosa del tutto normale), riporta dolcemente la tua attenzione alla respirazione. Questo aiuta a calmare la mente e a creare uno stato di tranquillità.

Attenzione alle sensazioni del corpo: Questa tecnica indirizza la tua attenzione alle sensazioni fisiche del tuo corpo. Siediti in un luogo tranquillo e presta attenzione alle sensazioni del tuo corpo: la pressione sulla sedia, la sensazione del pavimento sotto i piedi, la temperatura della pelle. Questo ti aiuta a connetterti con il momento presente e a allontanare i pensieri ansiosi.

Osservazione non giudicante dei pensieri: L'osservazione non giudicante dei pensieri è una pratica di accettazione. Invece di giudicare o reagire emotivamente ai tuoi pensieri, limitati a osservarli. Riconosci che sono lì, ma non coinvolgerti emotivamente. Questo può portare a una comprensione più chiara dei tuoi schemi di pensiero e aiutare a liberare l'ansia ad essi associata.

Nel corso di questo capitolo, ci siamo addentrati nelle profondità delle strategie di autogestione, abbiamo conosciuto strumenti preziosi per affrontare e controllare l'ansia. Dalle tecniche di respirazione che ci aiutano a trovare calma ai metodi di rilassamento che alleviano le tensioni accumulate, ciascuna strategia è un tassello importante nel puzzle della gestione dell'ansia.

Il mindfulness, con la sua capacità di mantenerci ancorati al presente, e la visualizzazione, che ci trasporta in ambienti pacifici, sono potenti risorse per bilanciare mente e corpo. La pratica costante di queste tecniche può davvero trasformare il nostro rapporto con l'ansia e offrirci una maggiore sensazione di calma, una maggiore chiarezza mentale e una risposta più equilibrata allo stress. Ricorda, la chiave è la pratica regolare e l'incorporazione di queste tecniche nella tua routine per raccogliere benefici a lungo termine.

Nel prossimo capitolo, esploreremo la resilienza, una competenza fondamentale per prosperare di fronte alle sfide che la vita ci presenta. La resilienza non è solo la capacità di resistere allo stress, ma anche la capacità di adattarsi, imparare e crescere dalle esperienze sfidanti. Insieme, scopriremo come possiamo diventare più resilienti, affrontando le sfide con coraggio e trasformandole in opportunità di crescita personale.

9

COSTRUIRE RESILIENZA

Come un albero robusto, piegati alle tempeste, ma non spezzarti mai; cresci, sboccia e fiorisci.

La vita è un ciclo di alti e bassi, sfide e trionfi. Nel nostro percorso, affrontiamo turbolenze inaspettate, cadute che ci tolgono il fiato e collisioni che destabilizzano il nostro equilibrio emotivo. In questo universo di incertezze e cambiamenti, la resilienza emerge come un'ancora vitale che ci tiene saldi, permettendoci non solo di sopravvivere, ma di prosperare di fronte alle avversità.

La resilienza è molto di più che resistere alla tempesta. È una magistrale orchestrata della nostra forza interiore e dell'abilità di trasformare il negativo in positivo, la sofferenza in crescita personale. Si traduce nella capacità di flessibilizzare la nostra mente e il nostro cuore per adattarci, imparare ed evolverci dalle sfide che affrontiamo.

In questo capitolo, esploreremo profondamente la costruzione della resilienza, un viaggio interiore di auto-scoperta e rinforzo. Impareremo come coltivare questa qualità intrinseca, nutrirla e vederla fiorire in noi e nella nostra vita quotidiana. Sveleremo le tecniche e le mentalità che ci aiutano a diventare più resilienti, a trasformare il dolore in saggezza e l'avversità in crescita.

LA NATURA DELLA RESILIENZA

La resilienza non è un dono concesso a pochi fortunati, ma una capacità che può essere coltivata da ognuno di noi. È l'arte di piegarsi senza spezzarsi, di trovare speranza quando tutto sembra perduto e di emergere dalle ceneri con una determinazione rinnovata.

Questa forza interiore ci permette di trasformare le avversità in opportunità di crescita. Di fronte alle situazioni più impegnative, la resilienza ci consente di trovare speranza, imparare dalle cadute ed emergere con determinazione rinnovata. È un percorso di superamento e auto-miglioramento, in cui le cicatrici del passato diventano fondamenta per un futuro più solido.

COME SVILUPPARE LA RESILIENZA EMOTIVA

La resilienza è una qualità dinamica, una forza che si adatta, evolve e si rafforza nel tempo. È come un muscolo che può essere allenato e tonificato. Più la pratichiamo, più si sviluppa, crescendo in intensità e profondità. Sviluppare la resilienza emotiva è un percorso interiore che richiede autoesplorazione, consapevolezza e azione consapevole. È una qualità che, proprio come un muscolo, può essere rafforzata e migliorata nel tempo. Approfondiamo l'arte di coltivare questa abilità cruciale, in cui l'autoconoscenza e l'accettazione emotiva giocano un ruolo fondamentale.

Autoconoscenza e accettazione emotiva

La resilienza ha inizio dentro di noi, nella comprensione e accettazione delle nostre emozioni. Conoscere i nostri stessi schemi emotivi, trigger e reazioni è come mappare il terreno emotivo che abitiamo. Accettare pienamente queste emozioni, anche quelle che consideriamo difficili o scomode, è il primo passo per imparare a gestirle in modo sano. Riconoscere che tutte le emozioni hanno uno scopo e sono valide è un atto di auto-empatia che costituisce la base della nostra resilienza.

Una rete di supporto solido

Nessuno di noi è solo in questo viaggio. Avere una solida rete di supporto sociale è un pilastro fondamentale per la resilienza emotiva. Amici, familiari o gruppi di sostegno sono preziose fonti di supporto nei momenti di bisogno. La capacità di condividere le nostre preoccupazioni, paure e sfide con gli altri crea un senso di appartenenza e alleggerisce il peso emotivo che portiamo. Tendere la mano in cerca di aiuto e offrire aiuto quando possibile significa costruire ponti essenziali che ci rafforzano nel lungo cammino della vita.

Flessibilità cognitiva

Il nostro modo di interpretare e rispondere agli eventi è un aspetto cruciale della resilienza emotiva. È legato alla nostra flessibilità cognitiva, che è la capacità di adattare il nostro modo di pensare di fronte a situazioni impegnative. È essenziale essere capaci di valutare le situazioni da diverse prospettive, mettere in discussione le nostre convinzioni e adattare le nostre risposte in base alla realtà in evoluzione. Coltivare una mente flessibile e aperta ci aiuta a non rimanere legati a schemi di pensiero limitanti, consentendoci di trovare soluzioni creative e costruttive alle sfide che affrontiamo.

Stabilire obiettivi e concentrarsi sul futuro

Stabilire obiettivi tangibili e realistici è un modo efficace per dare direzione e scopo alla nostra vita. Anche i più piccoli obiettivi possono essere potenti punti di ancoraggio per la resilienza. Ci aiutano a mantenere un senso di progresso, a credere nel nostro potenziale e a fornire una bussola per il nostro percorso. Concentrarsi sul futuro, visualizzare i nostri obiettivi e credere che possiamo raggiungerli, anche di fronte alle difficoltà, è un aspetto essenziale della resilienza. È un costante promemoria che c'è luce in fondo al tunnel, anche nei momenti più bui.

Salute fisica e benessere

La salute fisica ed emotiva sono intricate in modo intricato. Mantenere uno stile di vita sano è una base solida per la resilienza emotiva. Un'alimentazione equilibrata, l'esercizio fisico regolare e un sonno adeguato sono pilastri che rafforzano il nostro corpo, il che, a sua volta, supporta la nostra mente. Prendersi cura del nostro benessere fisico non è solo una questione di salute, ma una strategia vitale per costruire la resilienza emotiva. Un corpo sano è il terreno fertile in cui cresce e fiorisce la nostra resilienza emotiva.

Questi elementi costituiscono la solida base per lo sviluppo della resilienza emotiva. È un invito a guardare dentro di noi, riconoscere le nostre emozioni, cercare supporto, essere flessibili nel nostro modo di pensare, nutrire i nostri obiettivi e prendersi cura del nostro corpo. Insieme, ci guidano nella costruzione di una resilienza duratura, rendendoci più forti nell'affrontare le tempeste della vita ed emergere più forti che mai.

COME TRASFORMARE L'AVVERSITÀ IN CRESCITA PERSONALE

La vera magia della resilienza emerge quando siamo capaci di trasformare l'avversità in crescita personale. Esploreremo come possiamo trovare significato nelle nostre lotte, imparare dai nostri fallimenti e emergere più forti dopo ogni tempesta. La capacità di estrarre saggezza e maturità dalle nostre sfide è la vera essenza della resilienza.

Rivalutazione positiva

La rivalutazione positiva è una potente strategia psicologica che ci aiuta a trasformare l'avversità in crescita personale. Esploreremo più dettagliatamente questa tecnica trasformatrice:

Interpretazione positiva delle situazioni: La rivalutazione positiva coinvolge la reinterpretazione delle situazioni negative in una luce positiva. Invece di concentrarsi solo sulle difficoltà e gli svantaggi, si cerca di identificare gli aspetti positivi e significativi dell'esperienza sfidante.

Estrazione di insegnamenti preziosi: La pratica della rivalutazione positiva ci consente di trarre insegnamenti preziosi dalle nostre esperienze sfidanti. Possiamo imparare sulle nostre forze e debolezze, sui nostri valori e su come affrontare situazioni simili in futuro in modo più efficace.

Sviluppo di resilienza: Rivalutando l'avversità come un'opportunità di apprendimento, sviluppiamo la resilienza. Questo ci rafforza emotivamente per affrontare sfide future, poiché iniziamo a vedere ogni situazione difficile come un trampolino per il nostro sviluppo.

Cambio della narrazione interna: Cambiando il modo in cui interpretiamo una battuta d'arresto, possiamo cambiare la nostra narrazione interna. Da una prospettiva negativa, possiamo passare a vedere la situazione come una possibilità di crescita, riallineando la nostra visione di noi stessi e del mondo.

Trovare punti luminosi nelle situazioni oscure: La rivalutazione positiva ci aiuta a trovare punti luminosi anche nelle situazioni più buie. Possono essere apprendimenti inaspettati, una connessione più profonda con gli altri o una maggiore comprensione di noi stessi. Questi punti di luce ci forniscono speranza e motivazione per andare avanti.

Aumento del benessere emotivo: Abbracciando una prospettiva positiva, sperimentiamo un aumento del benessere emotivo. Ciò può includere un aumento della felicità, una riduzione dello stress e una sensazione di pace interiore, anche di fronte all'avversità.

Applicazione in diverse aree della vita: La rivalutazione positiva può essere applicata in diverse aree della vita, come relazioni, carriera, salute e sfide personali. È uno strumento versatile che ci aiuta ad affrontare le vicissitudini della vita con resilienza e ottimismo.

In breve, la rivalutazione positiva è una preziosa abilità che ci abilita a trasformare le sfide in opportunità. È un potente meccanismo di crescita personale che ci aiuta a trovare significato e forza nelle esperienze avverse, consentendoci di crescere e prosperare, indipendentemente dalle circostanze.

Crescita post-traumatica

La crescita post-traumatica è un fenomeno psicologico in cui una persona, dopo aver vissuto un trauma o un evento altamente stressante, non solo è in grado di riprendersi emotivamente, ma anche di crescere e maturare grazie all'esperienza. Esploreremo in dettaglio questa notevole capacità di trasformare l'avversità in crescita:

Avversità come catalizzatore di trasformazione: Il trauma può agire come un catalizzatore per una trasformazione profonda nella vita di una persona. Affrontando esperienze altamente stressanti, alcuni individui scoprono una forza interiore precedentemente sconosciuta e sviluppano un nuovo scopo e una nuova prospettiva di vita.

Cambiamento di prospettiva: La crescita post-traumatica è spesso associata a un significativo cambiamento di prospettiva. La persona inizia a vedere il mondo in modo diverso, apprezzando di più le piccole cose, i rapporti interpersonali e la propria vita.

Apprezzamento della vita e delle relazioni: Dopo il trauma, c'è una più profonda valorizzazione della vita e delle relazioni. La persona può imparare a godersi la vita quotidiana, riconoscendone la fragilità e, contemporaneamente, coltivare relazioni più autentiche e significative.

Migliorata resilienza: Affrontare e superare il trauma può rafforzare la resilienza della persona. Può sviluppare abilità di coping più efficaci, che l'aiutano ad affrontare meglio le future avversità e sfide.

Maggiore empatia e compassione: Il trauma può rendere la persona più sensibile alle sofferenze altrui. Può sviluppare una maggiore empatia e compassione, trasformando il dolore personale in una motivazione per aiutare e sostenere gli altri.

Crescita spirituale: Alcune persone sperimentano una crescita spirituale dopo un trauma, trovando risposte o significato in dimensioni spirituali della loro vita. Ciò può fornire conforto e forza durante il percorso di recupero.

Accettazione dell'impermanenza: Il trauma può insegnare ad accettare l'impermanenza della vita e la fragilità dell'essere umano. Questa accettazione può portare a un atteggiamento più sereno verso le situazioni della vita e alla comprensione che tutte le cose, buone o cattive, sono temporanee.

Sviluppo di nuovi obiettivi di vita: Dopo un trauma, la persona può ridefinire i propri obiettivi e mete di vita. Può adottare una nuova direzione, spesso più in linea con i propri valori e desideri autentici.

La crescita post-traumatica illustra la notevole resilienza umana e la capacità di trasformare persino le esperienze più devastanti in opportunità di crescita e rafforzamento. Imparando dal passato e coltivando una visione più positiva e compassionevole, è possibile emergere da un trauma non solo sopravvivendo, ma veramente crescendo e prosperando.

Potenziare la resilienza attraverso l'avversità

Affrontare e superare le avversità è un viaggio che può migliorare la nostra resilienza e rafforzare il nostro carattere. Ogni sfida presenta un'opportunità preziosa per crescere e sviluppare abilità importanti. Esploreremo ulteriormente come l'avversità possa diventare un mezzo di crescita e sviluppo:

Sviluppo della resilienza: La resilienza è la capacità di adattarsi e riprendersi dopo aver affrontato sfide e avversità. L'avversità offre l'opportunità di rafforzare questa abilità vitale, aiutandoci ad affrontare sfide future con maggiore fiducia.

Apprendimento ed adattamento: Ogni sfida porta con sé preziose lezioni. Possiamo imparare dai nostri errori e dalle difficoltà, adattandoci alle circostanze e regolando il nostro approccio per situazioni simili in futuro.

Sviluppo delle abilità emotive: Spesso, l'avversità ci mette in contatto con una vasta gamma di emozioni. Imparare a riconoscere, comprendere e gestire queste emozioni è una parte cruciale della crescita personale che può renderci emotivamente più intelligenti e resilienti.

Cultivare la determinazione e la perseveranza: Affrontare l'avversità ci sfida a persistere e mantenere la determinazione, anche di fronte agli ostacoli. Questa coltivazione della perseveranza può rafforzare la nostra mentalità e aiutarci a raggiungere i nostri obiettivi a lungo termine.

Costruzione dell'autonomia: L'avversità spesso ci mette in situazioni in cui dobbiamo prendere decisioni e assumerci la responsabilità delle nostre azioni. Questo può promuovere lo sviluppo dell'autonomia e della fiducia nelle nostre capacità.

Favorire la crescita personale: Superando le sfide, possiamo crescere personalmente in vari modi, come aumentare la nostra consapevolezza di noi stessi, rafforzare i nostri valori e trovare un scopo più profondo nella nostra vita.

Costruire la risoluzione dei problemi: L'avversità ci sfida a risolvere i problemi in modi innovativi ed efficaci. Sviluppiamo abilità di risoluzione dei problemi che possono essere applicate in diverse aree della nostra vita.

Rafforzamento dei rapporti: Affrontare le sfide può creare un'opportunità per rafforzare i nostri rapporti. Condividere esperienze difficili con amici, familiari o gruppi di supporto può creare connessioni più profonde.

L'avversità non è solo una prova; è un insegnante esigente che ci sfida a crescere e a migliorare le nostre abilità. Quando affrontiamo le sfide in modo costruttivo e impariamo da esse, ci stiamo preparando per un futuro più resiliente e gratificante. Il viaggio lungo il percorso della resilienza inizia con il riconoscimento del potenziale di crescita che ogni sfida offre.

Accettazione dell'impermanenza

L'accettazione dell'impermanenza è una potente filosofia di vita che riconosce che tutto è soggetto a costanti cambiamenti. Approfondiamo la nostra comprensione di questo concetto e di come possa influenzare positivamente il nostro approccio alla vita:

Il concetto di impermanenza: L'impermanenza è la natura transitoria e mutevole di tutte le cose. Niente rimane uguale ed eterno; tutto è soggetto a cambiamenti, dai più semplici eventi alle grandi fasi della vita.

Equilibrio nei cambiamenti: Accettare l'impermanenza ci aiuta a bilanciare le nostre emozioni e attitudini nei confronti dei cambiamenti. Invece di resistere o temere il cambiamento, impariamo a fluire con esso, mantenendo la nostra serenità interiore.

Coltivare l'accettazione: Accettare l'impermanenza comporta coltivare un'attitudine di accettazione nei confronti del flusso naturale della vita. Questo significa abbracciare ogni momento, indipendentemente che sia positivo o negativo, come parte del viaggio della vita.

Riduzione della sofferenza: La resistenza all'impermanenza può portare alla sofferenza. Accettarla aiuta a ridurre questa sofferenza, poiché comprendiamo che la felicità e la tristezza sono temporanee e che la natura stessa della vita è ciclica.

Mentalità di slegamento salutare: Comprendere l'impermanenza porta a una mentalità di slegamento salutare. Non ci attacchiamo eccessivamente a niente, sapendo che tutto può cambiare. Questo libera la mente dalle spire della paura e dell'ansia.

Resilienza di fronte ai cambiamenti: Accettare l'impermanenza aiuta a sviluppare la resilienza. Siamo meglio preparati ad affrontare i cambiamenti e le sfide che la vita ci presenta, poiché sappiamo che la situazione attuale è solo una fase e può essere superata.

Coltivazione dell'apprezzamento: Sapendo che niente dura per sempre, impariamo ad apprezzare di più ogni momento presente. Valorizziamo le buone esperienze e impariamo dalle avversità, poiché sappiamo che fanno tutte parte del flusso naturale della vita.

Spiritualità e filosofia di vita: L'accettazione dell'impermanenza è una base fondamentale in molte tradizioni spirituali e filosofie di vita. Incentiva la ricerca della pace interiore, della saggezza e della compassione.

Pace nel momento presente: Accettando l'impermanenza, troviamo la pace nel momento presente. Non siamo preoccupati del passato o del futuro, poiché sappiamo che ogni momento è unico e prezioso nella sua essenza.

La pratica dell'accettazione dell'impermanenza ci aiuta a vivere con più grazia e flessibilità, permettendo al nostro viaggio nella vita di fluire naturalmente. Troviamo contentezza nel presente, indipendentemente da ciò che il futuro possa portare, e abbracciamo il cambiamento come parte inevitabile ed arricchente della nostra esistenza.

Cultivare la resilienza nella vita quotidiana

La resilienza è una preziosa abilità che ci aiuta ad affrontare le sfide della vita con forza ed adattabilità. Esploriamo modi pratici per coltivare la resilienza nella nostra vita quotidiana per prepararci meglio ai tempi difficili:

Autoconsapevolezza e autogestione: Conoscere le nostre emozioni, pensieri e reazioni è il primo passo per coltivare la resilienza. Essendo consapevoli di noi stessi, possiamo gestire le nostre emozioni in modo efficace durante le sfide.

Stabilire obiettivi realistici: Impostare obiettivi realistici e raggiungibili ci aiuta a mantenere la concentrazione e la motivazione. Raggiungendo questi obiettivi, rafforziamo la nostra fiducia nella nostra capacità di affrontare le sfide.

Sviluppo della risoluzione dei problemi: Impariamo ad affrontare i problemi in modo strutturato ed efficace, cercando soluzioni costruttive. Questa abilità è fondamentale per affrontare le sfide in modo produttivo.

Creazione di una rete di supporto: Coltivare relazioni positive e di supporto è cruciale. Avere una rete di amici, familiari o colleghi con cui possiamo condividere le nostre sfide ci offre un prezioso sostegno.

Pratica della gratitudine e del contentamento: Concentrarsi su ciò che abbiamo e esprimere gratitudine aiuta a mantenere una prospettiva positiva. Ciò ci rafforza emotivamente per affrontare i momenti difficili.

Adozione di uno stile di vita salutare: Una dieta equilibrata, l'esercizio fisico regolare e un buon sonno sono essenziali per la resilienza. Un corpo sano aiuta a mantenere una mente equilibrata e resistente.

Coltivazione di hobby e interessi: Avere attività che amiamo può essere un grande sfogo per lo stress e la pressione quotidiana. Queste attività ci offrono una valvola di sfogo e un'opportunità per rinnovare la nostra energia.

Promozione della flessibilità mentale: La vita è incerta e spesso non si svolge come pianificato. Imparare ad adattarsi e ad essere flessibili in diverse situazioni è un attributo chiave della resilienza.

Cercare apprendimento continuo: Essere aperti all'apprendimento e alla crescita è vitale. Ogni esperienza, sia essa positiva o negativa, ci insegna qualcosa. Estrarre lezioni dalle sfide ci rende più forti.

Pratica della consapevolezza e meditazione: La meditazione e la pratica della consapevolezza possono aiutare a calmare la mente e a rafforzare la nostra capacità di gestire lo stress e l'avversità.

Mantenimento di un'attitudine positiva: Mantenere un'attitudine positiva anche nei momenti difficili può fare una grande differenza. Ottimismo ci aiuta ad affrontare le sfide con resilienza e determinazione.

Riconoscimento e accettazione delle emozioni: Accettare e elaborare le nostre emozioni, anche quelle negative, è fondamentale. Ci aiuta a non sentirci sopraffatti e a sviluppare una comprensione più profonda di noi stessi.

Coltivare la resilienza nella vita quotidiana non solo ci aiuta ad affrontare le sfide immediate, ma ci fortifica per affrontare le sfide future con maggiore fiducia ed equilibrio. È un approccio proattivo per vivere una vita piena e significativa, indipendentemente dalle circostanze.

10

STILE DI VITA E BENESSERE

Ogni scelta è un quadro bianco; dipingi il tuo quadro di pace, colora la tua vita con il benessere.

Lo stile di vita che scegliamo e le pratiche che incorporiamo quotidianamente hanno un impatto profondo sulla nostra salute fisica e mentale. Dall'alimentazione che scegliamo al modo in cui gestiamo lo stress, ogni decisione modella la nostra qualità di vita e la nostra capacità di affrontare l'ansia.

In questo capitolo, esploreremo strategie pratiche per promuovere uno stile di vita più sano e meno ansioso. Affronteremo l'importanza di una dieta equilibrata e dell'esercizio fisico, fornendo spunti su come questi elementi fondamentali possano essere potenti alleati nella gestione dell'ansia.

Scopri come piccoli cambiamenti nella tua routine quotidiana, scelte consapevoli legate all'alimentazione e la pratica regolare dell'attività fisica possano fare una grande differenza nel tuo percorso verso il benessere emotivo e fisico.

STRATEGIE PER PROMUOVERE UNO STILE DI VITA PIÙ SANO E MENO ANSIOGENO

Promuovere uno stile di vita sano e meno ansioso è un impegno verso se stessi per coltivare il benessere in tutte le aree della vita. Sono strategie pratiche che ti aiuteranno a raggiungere l'equilibrio desiderato.

Regolare pratica dell'esercizio fisico

L'attività fisica è un potente alleato nella ricerca di una vita con meno ansia. Che si tratti di una corsa mattutina, una rivitalizzante lezione di yoga o una semplice passeggiata nel parco, l'esercizio fisico rilascia endorfine, neurotrasmettitori responsabili della sensazione di benessere. Introduci un'attività fisica che ti dia gioia nella tua routine quotidiana e approfitta dei benefici sia fisici che mentali.

Meditazione e tecniche di rilassamento

Meditare e praticare tecniche di rilassamento come la respirazione profonda e la mindfulness sono come balsami per la mente ansiosa. Dedica alcuni minuti ogni giorno per staccarti dal mondo esterno e connetterti con te stesso. Calmando la mente e rallentando il ritmo, troverai chiarezza e pace interiore.

Alimentazione equilibrata

La nostra dieta svolge un ruolo fondamentale nella nostra salute mentale. Optate per una dieta equilibrata e nutriente, composta da frutta, verdura, cereali integrali, proteine magre e grassi salutari. Evitate cibi processati, eccesso di zucchero e caffeina, poiché possono scatenare o peggiorare i sintomi dell'ansia.

Qualità del sonno

Il sonno è un componente cruciale per la salute mentale. Stabilite una routine del sonno coerente, create un ambiente adatto al riposo e evitate stimolanti prima di andare a letto. Il sonno riposante aiuta a rinnovare il corpo e la mente, rafforzando la vostra capacità di affrontare la giornata con tranquillità.

Gestione dello stress

Gestire lo stress è una preziosa abilità per una vita meno ansiosa. Organizzate il vostro tempo in modo efficace, imparate a delegare compiti e praticate tecniche di rilassamento. Sappiate dire no quando necessario e riservate del tempo per attività che vi rilassino.

Attività ricreative

Concedetevi momenti di svago dedicati a attività che amate. Pittura, lettura, giardinaggio, musica o qualsiasi hobby che vi permetta di staccare dalla quotidianità sono una valvola di sfogo per lo stress e l'ansia.

Creazione di una routine strutturata

Stabilite una routine quotidiana strutturata, comprensiva di orari per i pasti, l'esercizio fisico, il lavoro, il tempo libero e il sonno. La prevedibilità e l'organizzazione possono contribuire a ridurre l'ansia, fornendo un senso di controllo.

Costruzione di relazioni sociali

Coltivare relazioni sane e significative è essenziale per il benessere emotivo. Condividete le vostre esperienze con amici e familiari, partecipate a gruppi con interessi comuni e offrite il vostro sostegno agli altri. Il supporto sociale può alleviare l'ansia e creare una rete di sicurezza.

Apprendimento e crescita personale

Investire nello sviluppo personale è un passo verso una vita più appagata e meno ansiosa. Stabilite obiettivi realizzabili che vi motivino a crescere e svilupparvi. La costante ricerca di apprendimento e crescita fornisce un senso di scopo e soddisfazione.

Gratitudine e pratica dell'ottimismo

La pratica quotidiana della gratitudine è un potente antidoto contro l'ansia. Riconoscete le cose positive nella vostra vita e ringraziate per esse. Coltivare una prospettiva ottimistica, concentrandovi sulle soluzioni anziché sui problemi, cambierà il vostro modo di affrontare la vita e contribuirà alla riduzione dell'ansia.

Implementando queste strategie nella vostra vita di tutti i giorni, state costruendo uno stile di vita più sano e meno ansioso, promuovendo un equilibrio essenziale tra corpo, mente e spirito. Ricordate che il benessere è un percorso continuo, e ogni passo che compirete verso uno stile di vita più sano è un passo verso una vita più piena e tranquilla.

L'IMPORTANZA DI UNA DIETA EQUILIBRATA E DELL'ATTIVITÀ FISICA PER CONTROLLARE L'ANSIA

Viviamo in un'epoca in cui il ritmo frenetico della vita quotidiana spesso ci intrappola in un ciclo di stress e ansia. In mezzo a questa sfida, riconoscere l'importanza di una dieta equilibrata e dell'esercizio fisico regolare è fondamentale per mantenere non solo la nostra salute fisica, ma anche quella mentale.

Impatto della dieta sull'ansia

Il legame tra la dieta e l'ansia è profondo. Gli alimenti ricchi di zuccheri semplici e grassi trans possono scatenare fluttuazioni del glucosio nel sangue, influenzando l'umore e aumentando l'ansia. D'altra parte, una dieta ricca di frutta, verdura, cereali integrali e proteine magre può fornire i nutrienti necessari per l'equilibrio mentale.

La serotonina, un neurotrasmettitore associato al benessere e all'umore, può essere influenzata dalla dieta. Il triptofano, un aminoacido precursore della serotonina, si trova in alimenti come noci, semi, legumi e pesce, e incorporarli nella vostra dieta può aiutare a regolare l'umore e l'ansia.

I benefici dell'esercizio fisico sull'ansia

L'esercizio fisico è uno dei modi più efficaci per ridurre l'ansia. Durante l'attività fisica, il nostro corpo rilascia endorfine, sostanze chimiche nel cervello che agiscono come analgesici naturali e stabilizzatori dell'umore. Inoltre, l'esercizio aiuta a ridurre la produzione di cortisolo, l'ormone dello stress.

Oltre all'impatto chimico, l'esercizio fisico regolare è direttamente correlato a una migliore qualità del sonno, fondamentale per il controllo dell'ansia. Un sonno adeguato ripristina corpo e mente, preparandoci ad affrontare la giornata con maggiore calma e chiarezza mentale.

Come inserire una dieta equilibrata e l'esercizio nella tua routine

L'integrazione di una dieta equilibrata e dell'esercizio fisico nella nostra routine potrebbe sembrare inizialmente una sfida, ma è completamente fattibile con un approccio graduale e costante. Iniziate apportando piccoli cambiamenti nella vostra dieta, introducendo più cibi salutari e riducendo quelli dannosi. Allo stesso modo, provate diversi tipi di esercizio finché non trovate quelli che vi piacciono e si adattano alla vostra vita.

Consultare un nutrizionista o un professionista della salute è un'eccellente opzione per ottenere indicazioni specifiche su una dieta equilibrata che soddisfi le vostre esigenze. Per l'attività fisica, considerate l'opzione di un allenatore personale per un piano personalizzato.

La ricerca dell'equilibrio

Trovare l'equilibrio tra una dieta equilibrata e l'esercizio fisico regolare è una ricerca individuale. Ogni persona è unica e le sue esigenze variano. Sperimentate approcci diversi, ascoltate il vostro corpo e apportate modifiche se necessario. Tenete presente che la pressione eccessiva per cambiare drasticamente la vostra dieta o esercitarvi intensamente può aumentare l'ansia. La costanza e la moderazione sono fondamentali per raggiungere e mantenere uno stile di vita sano.

Priorizzando una dieta equilibrata e l'esercizio fisico regolare, state facendo un investimento prezioso nella vostra salute fisica e mentale. Queste scelte consapevoli possono svolgere un ruolo significativo nel controllo dell'ansia e nella ricerca di una vita appagante ed equilibrata. Perciò, andate avanti, adottate abitudini sane e godetevi i benefici duraturi che possono apportare al vostro benessere.

In questo capitolo, abbiamo esplorato l'importanza vitale di uno stile di vita equilibrato per affrontare l'ansia. Abbiamo notato che la nostra dieta e l'attività fisica hanno un impatto profondo non solo sulla nostra salute fisica, ma anche sul nostro benessere mentale. Una dieta equilibrata, ricca di nutrienti essenziali, unita all'esercizio fisico regolare, può essere un grande alleato nella ricerca di una vita meno ansiosa e più appagante.

Ricordate che si tratta di cercare l'equilibrio, non la perfezione. Si tratta di fare scelte consapevoli, incorporando gradualmente cambiamenti positivi nella vostra routine quotidiana. Prendendoci cura del nostro corpo, stiamo nutrendo anche la nostra mente. Integrando un'alimentazione sana e l'attività fisica nella nostra vita di tutti i giorni, stiamo facendo passi concreti verso uno stato di equilibrio e benessere.

Nel prossimo capitolo, esploreremo un tema sempre più presente nelle nostre vite: la tecnologia. In un mondo digitalizzato e connesso, la tecnologia può avere un impatto significativo sulla nostra salute mentale, compresa l'ansia. Esamineremo come l'uso eccessivo di dispositivi, i social media e l'esposizione costante al mondo digitale possano influenzare la nostra salute emotiva. Inoltre, discuteremo strategie e pratiche che ci consentiranno di utilizzare la tecnologia in modo consapevole e benefico per la nostra salute mentale, cercando un sano equilibrio tra la vita online e offline.

11

TECNOLOGIA E ANSIA

Dominare l'arte della presenza digitale, bilanciandola con la serenità del mondo reale.

Viviamo in un'epoca in cui la tecnologia permea ogni aspetto delle nostre vite. Dal momento in cui ci svegliamo a quello in cui andiamo a dormire, siamo costantemente immersi nel mondo digitale. Le innovazioni tecnologiche hanno aperto le porte a una maggiore connettività, efficienza e comodità. Tuttavia, questa rivoluzione digitale ha anche portato con sé una serie di sfide, particolarmente riguardo alla nostra salute mentale. In questo capitolo, esploreremo l'universo della tecnologia e la sua influenza sull'ansia.

La connettività istantanea e l'accesso ininterrotto alle informazioni hanno i loro vantaggi, ma portano anche una serie di preoccupazioni per la salute mentale. L'ansia, uno dei problemi più diffusi nel nostro mondo moderno, è fortemente influenzata dall'uso eccessivo e inappropriato della tecnologia. Esamineremo come il consumo incontrollato di informazioni, la pressione dei social media, l'isolamento digitale e la dipendenza dai dispositivi elettronici siano interconnessi con l'ansia.

In questo capitolo, analizzeremo l'impatto diretto dell'uso eccessivo della tecnologia sulla nostra salute mentale. Esamineremo come il sovraccarico di informazioni digitali, il confronto costante, la mancanza di interazione faccia a faccia e l'influenza sulla qualità del sonno possano contribuire all'ansia e allo stress. Comprendere questi effetti è essenziale per prendere misure significative alla ricerca di un equilibrio sano tra la tecnologia e il nostro benessere emotivo.

Oltre a identificare le sfide, presenteremo anche strategie pratiche ed efficaci per mitigare gli effetti dannosi dell'uso eccessivo della tecnologia. Dopotutto, la tecnologia non è intrinsecamente negativa; un suo utilizzo consapevole ed equilibrato può essere benefico. Discuteremo l'importanza di stabilire limiti chiari, praticare la disconnessione digitale, creare spazio per attività non connesse e coltivare la consapevolezza digitale. Queste pratiche possono aiutarci a riprendere il controllo della nostra relazione con la tecnologia e, di conseguenza, alleviare l'ansia ad essa associata.

IMPATTO DELL'USO ECESSIVO DELLA TECNOLOGIA SULL'ANSIA

La pervasiva presenza e utilizzo della tecnologia nella società contemporanea hanno portato con sé un'ampia gamma di cambiamenti e significativi impatti in vari aspetti della vita umana. Tuttavia, uno di questi impatti che merita particolare attenzione è l'effetto dell'uso eccessivo della tecnologia sull'ansia, una condizione che colpisce milioni di persone in tutto il mondo.

So sovraccarico di informazioni e lo stress digitale

L'era digitale ha portato con sé un costante diluvio di informazioni. Siamo esposti a una valanga di notizie, aggiornamenti dei social media, email, messaggi istantanei e notifiche delle app ogni secondo. Sebbene la facilità di accesso alle informazioni sia un dono, il sovraccarico di informazioni può diventare schiacciante. Lo stress digitale risultante da questo eccesso di informazioni può portare all'ansia e allo sfinimento. La difficoltà nel distinguere ciò che è importante e rilevante in mezzo a questa valanga può creare un senso di disperazione e mancanza di controllo, alimentando l'ansia.

Confronto sociale e insicurezza

I social media, nonostante fornissero una piattaforma per la connessione e la condivisione, spesso fungono da palcoscenico per il confronto sociale. L'esposizione alle vite apparentemente perfette degli altri può coltivare un sentimento di inadeguatezza e bassa autostima. Le persone tendono a confrontare le loro vite, aspetti fisici, realizzazioni e successi con gli altri, creando una competizione costante e spesso irrealistica. Ciò può portare all'ansia, poiché le persone si sentono costrette a corrispondere a standard irraggiungibili.

Isolamento e ridotta interazione faccia a faccia

Anche se siamo più interconnessi digitalmente, ciò non si traduce necessariamente in una maggiore connessione emotiva e sociale. Le interazioni virtuali, spesso impersonali e superficiali, stanno sostituendo le interazioni faccia a faccia più profonde e significative. L'isolamento emotivo risultante può portare alla solitudine e all'ansia. La mancanza di contatto umano reale e profondo può far sentire le persone disconnesse e ansiose, nonostante la loro apparentemente ampia presenza sui social media.

Impatto sulla qualità del sonno

L'abitudine di utilizzare dispositivi elettronici prima di andare a letto è comune nell'era digitale. Tuttavia, l'esposizione alla luce blu emessa da questi dispositivi può disturbare il nostro ciclo del sonno. La qualità del sonno è essenziale per la salute mentale, e la sua interruzione dovuta all'uso eccessivo della tecnologia è strettamente legata all'aumento dell'ansia e dello stress. La mancanza di sonno adeguato può aumentare la vulnerabilità allo stress e ridurre la capacità di gestire le pressioni quotidiane, il che a sua volta amplifica l'ansia.

Questi sono solo alcuni degli effetti dannosi dell'uso eccessivo della tecnologia sull'ansia, illustrando l'urgente necessità di affrontare e mitigare questi impatti per preservare la nostra salute mentale e il nostro benessere.

STRATEGIE PER BILANCIARE L'USO DELLA TECNOLOGIA E RIDURRE IL SOVRACCARICO

Viviamo in un'era digitale, in cui la tecnologia è diventata una parte essenziale delle nostre vite. Tuttavia, bilanciare questa costante presenza con una vita equilibrata e sana è cruciale per la nostra salute mentale e il nostro benessere. Ecco alcune strategie che possono aiutare a bilanciare l'uso della tecnologia e ridurre il sovraccarico ad esso associato:

Stabilire limiti chiari

Definire limiti chiari per l'uso della tecnologia nella routine quotidiana. Stabilire orari specifici per le attività online e periodi di riposo senza tecnologia, come durante i pasti e prima di andare a dormire. Questi limiti aiutano a evitare un uso eccessivo e promuovono una relazione più sana con i dispositivi.

Blocco di persone e argomenti dannosi

Utilizzare gli strumenti disponibili sui social media e sulle app per bloccare persone e argomenti che agiscono come trigger per l'ansia. Proteggersi da contenuti negativi è un modo importante per prendersi cura della propria salute mentale.

Praticare il distacco digitale

Fare pause regolari per disconnettersi completamente. Questo può significare alcune ore durante il giorno o certi giorni della settimana. Utilizzare questo tempo per riconnettersi con attività offline e con se stessi. Il distacco digitale è essenziale per alleviare lo stress e l'ansia legati all'esposizione costante alla tecnologia.

Creare spazio per attività senza dispositivi

Riservare del tempo per hobby e attività che non coinvolgano dispositivi elettronici. Questo può includere attività all'aperto, la lettura di libri fisici, l'arte o qualsiasi altra attività che consenta di staccarsi dal mondo digitale. Questi momenti di disconnessione sono vitali per la nostra salute mentale e il benessere.

Praticare la consapevolezza digitale

Essere consapevoli di come si utilizza la tecnologia. Prima di aprire un'app o un sito web, chiedersi se è davvero necessario in quel momento. Limitarsi ad app e informazioni che sono utili e rilevanti per la propria vita. Evitare l'uso automatico della tecnologia può ridurre lo stress e l'ansia.

Promuovere le interazioni faccia a faccia

Dare la priorità al contatto personale e alle interazioni sociali offline ogni volta che possibile. Riservare del tempo per stare con amici e familiari, partecipare a eventi sociali e coinvolgersi in attività comunitarie. Le interazioni faccia a faccia sono cruciali per la nostra salute mentale ed emotiva.

Prendersi cura della salute mentale

Rimanere vigili sulla propria salute mentale. Se si nota che l'uso della tecnologia sta avendo un impatto negativo sull'ansia o sulla salute mentale, cercare assistenza professionale da uno psicologo o terapeuta. È fondamentale prendersi cura della propria salute mentale per affrontare le sfide legate alla tecnologia.

Creare uno spazio calmo

Creare uno spazio nella tua casa dove la tecnologia non sia consentita. Questo è un luogo in cui puoi scollegarti completamente e dedicarti alla pace e alla tranquillità. Avere un luogo senza tecnologia aiuta a trovare momenti di serenità nel mezzo dell'agitazione digitale.

Pratica della respirazione consapevole

Quando senti che la tecnologia sta generando ansia, prenditi qualche minuto per una respirazione consapevole. Inspira profondamente, trattieni il respiro per alcuni secondi ed espira lentamente. Questo può aiutare a calmare la mente e a ridurre l'ansia associata all'uso eccessivo della tecnologia.

Sebbene la tecnologia abbia portato a incredibili progressi, la sua costante presenza nelle nostre vite può anche scatenare ansia, stress e altre sfide emotive. In questo capitolo, esaminiamo come il sovraccarico di informazioni, il confronto sociale, l'isolamento e l'impatto sulla qualità del sonno possano contribuire all'ansia in un mondo digitale.

Tuttavia, forniamo anche un insieme completo di strategie per bilanciare l'uso della tecnologia e ridurre il sovraccarico. Queste strategie includono stabilire limiti chiari, bloccare contenuti dannosi, staccare digitalmente, creare spazio per attività offline, essere consapevoli dell'uso della tecnologia, valorizzare le interazioni personali, prendersi cura della salute mentale, creare un ambiente tranquillo e praticare la respirazione consapevole.

Adottando queste strategie e coltivando una relazione consapevole con la tecnologia, possiamo affrontare le sfide dell'era digitale in modo più equilibrato, promuovendo la nostra salute mentale e il benessere.

Nel prossimo capitolo, esploreremo un'area fondamentale per il nostro benessere emotivo: le relazioni e il supporto sociale. Le nostre interazioni con amici, familiari e comunità svolgono un ruolo cruciale nella nostra salute mentale. Esamineremo come costruire e mantenere relazioni sane possa contribuire a ridurre l'ansia, fornire supporto emotivo e creare una rete di sicurezza durante i momenti difficili.

12

RELAZIONI E SUPPORTO SOCIALE

In ogni connessione, troviamo forza; insieme siamo una sinfonia, armonia nella lotta contro l'ansia.

Viviamo in un mondo interconnesso, dove le nostre vite sono intrecciate dai rapporti che costruiamo lungo il cammino. Ogni connessione, che sia con amici, familiari, colleghi o perfetti sconosciuti, contribuisce alla complessa rete della nostra vita.

I rapporti non sono semplici interazioni superficiali; sono la colonna vertebrale della nostra esistenza. Dai legami stretti con coloro che condividono la nostra quotidianità agli incontri fugaci che ci ricordano la nostra comune umanità, le relazioni plasmano il nostro mondo emotivo. E, esplorando l'intersezione intricata tra queste connessioni e la nostra ansia, cerchiamo di capire come le nostre interazioni interpersonali possano alleviare o peggiorare il peso delle preoccupazioni e delle paure.

In questo capitolo, ci immergiamo profondamente nei meandri delle relazioni umane. Indaghiamo su come il sostegno emotivo possa essere un baluardo contro l'ansia, su come la mancanza di connessioni possa alimentare la solitudine e l'insicurezza e su come l'empatia e la comprensione possano essere fari di luce nei momenti più bui. Nel nostro viaggio, scopriamo che, mentre le relazioni positive possono nutrire la nostra anima e darci la forza di affrontare il mondo, quelle tossiche possono minare la nostra fiducia e seminare il dubbio nei nostri cuori.

Oltre a esaminare l'influenza dei rapporti sulle nostre ansie, presentiamo anche potenti strategie per coltivare e rafforzare queste connessioni cruciali. Dalla comunicazione trasparente alla ricerca di assistenza professionale quando necessario, stiamo per svelare l'arsenale di strumenti a disposizione per costruire relazioni sane e cercare il supporto emotivo di cui tutti abbiamo bisogno.

L'INFLUENZA DEI RAPPORTI NELL'ANSIA

I legami che costruiamo con altre persone lungo il corso delle nostre vite non sono solo connessioni sociali, ma fili che tessono il tappeto della nostra salute mentale. Nella ricerca della comprensione della complessa relazione tra relazioni e ansia, sveliamo l'importante impatto che possono avere sul nostro stato emotivo. Dal fornire un confortante sollievo all'aggravare le nostre paure, le relazioni modellano le nostre esperienze di ansia in modi profondi e diversi. Esamineremo come i rapporti possono influenzare la nostra ansia:

Supporto emotivo e riduzione dell'ansia

Le relazioni sane, basate su fiducia, rispetto e reciproco sostegno, hanno il potere di agire come veri e propri antidoti contro l'ansia. Avere qualcuno in cui confidare appieno, con cui condividere le nostre preoccupazioni e le paure più profonde, è un balsamo per l'ansia. Il supporto emotivo ci offre la certezza che non siamo soli nelle sfide, consentendoci di affrontarle con maggiore resilienza e speranza. L'empatia e l'incoraggiamento che riceviamo in relazioni significative possono placare la tempesta interiore, offrendo un rifugio sicuro per la nostra angoscia.

Rapporti tossici e peggioramento dell'ansia

Così come le relazioni positive possono offrire conforto, le relazioni tossiche hanno il potere opposto: intensificare i nostri livelli di ansia. Ambienti privi di supporto, comprensione o, peggio ancora, caratterizzati da abusi emotivi o fisici, possono diventare focolai di stress e ansia. Identificare e, successivamente, allontanarsi da queste relazioni dannose è essenziale per proteggere la nostra salute mentale. Porre fine a relazioni tossiche è un atto di auto-compassione e un passo cruciale verso uno stato emotivo più stabile e sereno.

Solitudine e ansia

La solitudine può essere un terreno fertile per lo sviluppo dell'ansia. L'assenza di interazioni sociali significative e connessioni emotive può portare a un profondo sentimento di isolamento, che a sua volta può scatenare l'ansia. È quindi vitale coltivare relazioni sane e investire tempo ed energie nella costruzione di connessioni autentiche. Questi legami possono agire come baluardi contro la solitudine e le sue conseguenze nocive per la nostra salute mentale.

Empatia e comprensione come sollievo dall'ansia

Le relazioni caratterizzate da empatia, comprensione e comunicazione aperta ed efficace possono offrire un prezioso sollievo dall'ansia. La sensazione di essere veramente compresi e ascoltati, senza giudizio, può alleggerire il peso dell'ansia. In queste relazioni, troviamo uno spazio sicuro per esprimere i nostri pensieri e le emozioni più intime, il che può avere un effetto tranquillizzante sulle nostre menti inquiete.

STRATEGIE PER COLTIVARE RELAZIONI SALUTARI E CERCARE SOSTEGNO EMOTIVO

Coltivare relazioni sane e cercare sostegno emotivo sono abilità cruciali per migliorare la nostra salute mentale ed affrontare l'ansia in modo efficace. Esploreremo le strategie che possono aiutarci a rafforzare le nostre relazioni interpersonali e cercare il supporto di cui abbiamo bisogno:

Comunicazione chiara ed empatica

La comunicazione è la base di ogni relazione sana. La capacità di esprimere i nostri sentimenti, bisogni e preoccupazioni in modo chiaro e rispettoso è essenziale. Inoltre, saper ascoltare attivamente ciò che gli altri hanno da dire, dimostrando empatia e comprensione, può prevenire fraintendimenti che spesso diventano fonte di ansia. Una comunicazione chiara ed empatica è la pietra angolare per costruire relazioni solide e sane.

Stabilire limiti salutari

Imporre limiti salutari è un segno di amore proprio e rispetto reciproco. La capacità di dire "no" quando necessario e definire chiari limiti su ciò che è accettabile e ciò che non lo è in una relazione è fondamentale. Questo aiuta a mantenere un equilibrio dinamico, prevenendo lo stress e l'ansia derivanti da mancanza di rispetto o sovraccarico. Imporre limiti è una forma di autocompassione ed è essenziale per relazioni durature e sane.

Dimostrare gratitudine e apprezzamento

Esprimere gratitudine e apprezzamento è un modo potente per rafforzare i legami interpersonali. Riconoscere i contributi positivi delle persone nella nostra vita crea un ambiente di positività e armonia. La gratitudine promuove un circolo virtuoso di benessere emotivo, rafforzando le nostre relazioni e contribuendo a uno stato mentale più equilibrato e meno ansioso.

Empatia e comprensione attiva

L'empatia è una delle qualità più preziose che possiamo coltivare nelle nostre relazioni. Mettersi nei panni degli altri, sforzandosi di comprendere i loro sentimenti e punti di vista, è un gesto potente. La comprensione attiva dimostra cura e genuino interesse, creando un ambiente emotivamente nutritivo e riducendo l'ansia offrendo uno spazio sicuro per esprimere le nostre emozioni.

Incentivare la crescita personale

Le relazioni sane non solo accettano, ma anche incoraggiano la crescita personale. Sostenere gli obiettivi e le aspirazioni degli altri crea una base per relazioni durature e gratificanti. Quando supportiamo la crescita delle persone nella nostra vita, stiamo costruendo una comunità in cui tutti hanno l'opportunità di svilupparsi e raggiungere il loro massimo potenziale.

Ricerca di aiuto professionale

Quando l'ansia diventa travolgente e inizia a compromettere la qualità della nostra vita, cercare aiuto professionale è un passo fondamentale. Psicologi, terapisti e counselor sono disponibili per offrire orientamento specializzato e strategie per affrontare l'ansia. Inoltre, questi professionisti possono aiutarci a migliorare le nostre relazioni, fornendo un sostegno cruciale per la nostra salute mentale.

Partecipazione a attività sociali e comunitarie

La partecipazione a attività sociali e comunitarie è un ottimo modo per creare e rafforzare relazioni significative. Connettersi a un gruppo più ampio e contribuire alla comunità non solo crea nuove amicizie, ma fornisce anche un senso di scopo e significato.

Coinvolgersi in cause comuni e contribuire al benessere della comunità può ridurre l'ansia, rafforzando la nostra salute mentale.

Promuovere relazioni positive con la famiglia

I legami familiari sono un pilastro cruciale nella nostra vita. Rafforzare queste connessioni è una parte essenziale nel coltivare relazioni sane. Investire tempo ed energie nel mantenere una relazione positiva con i membri della famiglia può essere una fonte significativa di sostegno emotivo. Una famiglia unita e amorevole può essere un rifugio nei momenti di ansia, offrendo comfort e supporto emotivo.

In questo capitolo, esploriamo la profonda influenza che le relazioni hanno sull'ansia e come possano essere sia una fonte di supporto emotivo che una fonte di stress. Impariamo che, quando coltivate in modo sano, le relazioni possono svolgere un ruolo fondamentale nella riduzione dell'ansia, offrendo supporto emotivo, empatia e comprensione. Allo stesso tempo, identifichiamo l'importanza del porre limiti e del riconoscimento delle relazioni tossiche che possono aggravare l'ansia.

Le strategie discusse in questo capitolo, come la comunicazione chiara, l'empatia, l'imposizione di limiti salutari e la ricerca di crescita personale, offrono strumenti pratici per migliorare le nostre relazioni e, di conseguenza, la nostra salute mentale.

Mentre avanziamo, ricordiamo che le nostre connessioni con gli altri sono una preziosa risorsa per affrontare l'ansia e cercare supporto emotivo. Coltivando relazioni sane ed attuando queste strategie, compiamo passi importanti verso una vita con meno ansia e più equilibrio emotivo.

Nel prossimo capitolo, esploreremo l'importanza della ricerca di aiuto professionale nell'affrontare l'ansia. Esamineremo le diverse risorse disponibili, dai professionisti della psicologia e della terapia fino alle approccio terapeutici, che possono fornire una guida specializzata e strategie efficaci per gestire l'ansia. La ricerca di aiuto professionale è un passo cruciale per molte persone che affrontano sfide emotive, e questo capitolo fornirà preziose informazioni su come compiere questo passo importante verso il benessere mentale.

13

RICERCA DI AIUTO PROFESSIONALE

Nella ricerca della luce, trova il coraggio; nella voce del professionista, scopri la tua strada verso la guarigione.

Il percorso dell'ansia è un sentiero complesso e spesso impegnativo, costellato da alti e bassi emotivi, pensieri tumultuosi e incertezze che possono offuscare l'orizzonte del benessere mentale. L'ansia può manifestarsi in modi diversi e con diverse intensità, influenzando la nostra capacità di godere della vita e adempiere ai nostri doveri quotidiani. È uno stato emotivo che non deve essere sottovalutato, poiché può minare la qualità della nostra vita e interferire con le nostre relazioni sociali, il lavoro e i rapporti personali.

È importante riconoscere che affrontare l'ansia da soli può essere schiacciante e spesso inefficace. In alcuni momenti, il sostegno degli amici e della famiglia potrebbe non essere sufficiente per fornire gli strumenti e le strategie necessarie per superare gli ostacoli imposti dall'ansia nella nostra vita. È a questo punto che la ricerca di aiuto professionale diventa fondamentale per orientarsi verso il benessere emotivo.

Questo capitolo è dedicato a comprendere l'importanza di cercare aiuto professionale, inclusi psicologi e psichiatri, nel percorso per superare l'ansia. Esploreremo le ragioni per cui l'orientamento degli esperti può fare una differenza significativa, non solo nel sollievo dei sintomi, ma anche nella comprensione più approfondita delle radici dell'ansia. Sveleremo i tabù che spesso circondano la terapia, incoraggiando un approccio più consapevole e informato alla ricerca di assistenza professionale.

IMPORTANZA DI CERCARE AIUTO PROFESSIONALE

L'ansia è una condizione complessa che può manifestarsi in modi e intensità diverse, influenzando la vita in varie maniere. Man mano che l'ansia diventa più presente e impattante, la ricerca di aiuto professionale diventa una necessità importante. Ecco alcune ragioni per cui l'assistenza da parte di psicologi e psichiatri è fondamentale:

Approfondimento della comprensione dell'ansia

I professionisti della salute mentale hanno le conoscenze e l'esperienza necessarie per approfondire la comprensione dell'ansia. Possono diagnosticare l'ansia e identificare specifici trigger che la scatenano in ogni caso. Con questa comprensione più profonda, è possibile sviluppare strategie di gestione personalizzate ed efficaci.

Sviluppo di strategie personalizzate

Poiché ogni individuo affronta l'ansia in modi unici, un piano di trattamento personalizzato è essenziale per affrontare le esigenze e le sfide specifiche di ciascuna persona. I professionisti della salute mentale possono creare strategie su misura che includono terapie, esercizi di rilassamento, tecniche di gestione e, in alcuni casi, farmaci.

Accesso a tecniche terapeutiche specializzate

I professionisti della salute mentale hanno accesso a una vasta gamma di tecniche terapeutiche comprovate che possono essere altamente efficaci nel trattamento dell'ansia. Queste tecniche includono la Terapia Cognitivo-Comportamentale (CBT), la Mindfulness, la Terapia di Accettazione e Impegno (ACT) e molte altre approcci che possono fornire sollievo e strumenti preziosi per la gestione dell'ansia.

Fornire supporto professionale

Il supporto professionale è cruciale per affrontare l'ansia. I psicologi e i psichiatri sono addestrati non solo a fornire orientamento e strategie, ma anche a offrire supporto emotivo. Avere un professionista al proprio fianco può fare una differenza significativa nel percorso per superare l'ansia.

Prevenzione e gestione delle crisi

I professionisti della salute mentale sono addestrati a riconoscere i segnali di una crisi imminente e ad aiutare a prevenirla. Possono assistere nella creazione di piani di sicurezza e strategie per evitare ricadute o ridurne al minimo l'impatto. Questo è particolarmente importante per le persone che vivono con ansia cronica o disturbi d'ansia.

In definitiva, cercare aiuto professionale per l'ansia non è solo un segno di autosufficienza, ma anche un passo coraggioso verso una vita più equilibrata e felice. Ogni individuo è unico, e l'assistenza di uno psicologo o di uno psichiatra può fornire il sostegno necessario per affrontare le sfide dell'ansia in modo efficace ed emancipatorio.

SMITIZZAZIONE DEI TABÙ LEGATI ALLA TERAPIA

È importante smitizzare i tabù e le idee sbagliate che circondano la terapia, poiché queste convinzioni errate possono impedire alle persone di cercare il sostegno di cui hanno bisogno per la propria salute mentale. Esploriamo alcuni di questi miti:

La terapia non è un segno di debolezza

Uno dei tabù più comuni e dannosi legati alla terapia è la credenza che cercare aiuto da un professionista sia un segno di debolezza. Tuttavia, questo è lontano dalla verità. Cercare aiuto è un segno di forza e coraggio. È una dimostrazione di autosufficienza e determinazione nel migliorare la propria salute mentale. Riconoscere che tutti affrontano sfide emotive in qualche momento della vita e che cercare supporto è una decisione intelligente e assertiva è un passo essenziale per sfatare questo tabù.

La terapia non è solo per problemi gravi

Un altro comune equivoco è che la terapia sia riservata solo a persone con problemi gravi di salute mentale. Tuttavia, la terapia è benefica per chiunque stia affrontando stress, ansia, problemi relazionali, transizioni nella vita o cerchi di acquisire autoconsapevolezza. È uno strumento potente per promuovere il benessere emotivo in una varietà di situazioni. Tutti meritano di prendersi cura della propria salute mentale, indipendentemente dalla gravità del problema.

La terapia non è un processo infinito

Alcuni possono temere che una volta iniziata la terapia, saranno intrappolati in questo processo per sempre. Tuttavia, la terapia è un processo adattabile e flessibile. L'obiettivo è fornire gli strumenti necessari per affrontare le sfide emotive in modo autonomo. I terapeuti sono lì per aiutarti a raggiungere i tuoi obiettivi e per determinare quando sei pronto a continuare da solo, offrendo autonomia e progresso continuo. La terapia mira a renderti in grado di affrontare le sfide future in modo indipendente e sicuro.

La terapia non riguarda solo parlar dei problemi

La terapia va oltre il semplice parlare dei tuoi problemi. È uno spazio sicuro e confidenziale per esplorare in profondità le tue emozioni, comportamenti e pensieri. I terapeuti forniscono orientamento, insegnano abilità di gestione, aiutano nello sviluppo di strategie per affrontare le sfide della vita in modo più efficace e promuovono la scoperta dell'autoconsapevolezza. La terapia è uno spazio di crescita personale e sviluppo emotivo, aprendo la strada a una vita più equilibrata e significativa.

Cercare aiuto professionale per affrontare l'ansia è un passo cruciale verso una vita più equilibrata e sana. Questo capitolo ha esplorato l'importanza di cercare assistenza da psicologi e psichiatri, sottolineando che questa ricerca non è un segno di debolezza, ma piuttosto di forza e determinazione nel prendersi cura della salute mentale. Abbiamo sgomberato i dubbi legati alla terapia, evidenziando che non riguarda solo problemi gravi e che non rappresenta un processo infinito. La terapia è uno spazio di crescita, in cui si sviluppano strategie e si acquisisce una profonda comprensione dell'ansia.

I professionisti della salute mentale offrono non solo supporto emotivo, ma anche tecniche terapeutiche specializzate per trattare l'ansia. Attraverso un processo personalizzato, ti aiutano a identificare i trigger e a costruire strategie adattate alle tue esigenze uniche. Inoltre, forniscono supporto per prevenire e gestire le crisi, essenziale per coloro che affrontano ansia cronica o disturbi correlati.

Smitizzando i preconcetti e promuovendo la ricerca di assistenza professionale, speriamo di aver ispirato a considerare la terapia come uno strumento prezioso per affrontare l'ansia. Attraverso di essa, è possibile conquistare una vita più piena ed equilibrata, promuovendo il benessere emotivo e migliorando la qualità della vita. Il percorso per superare l'ansia è una via di coraggio, autoconsapevolezza e crescita, e l'aiuto professionale può essere una guida preziosa in questo cammino.

CONSIDERAZIONI FINALI

Alla fine di questo viaggio attraverso "Ansia, Inc.", è fondamentale ribadire e sottolineare l'importanza di affrontare con decisione l'ansia nelle nostre vite. L'ansia, con le sue radici profonde e spesso complesse, può plasmare le nostre esperienze e la nostra percezione del mondo. Tuttavia, è fondamentale ricordare che non siamo impotenti di fronte a questa condizione. Ogni pagina di questo libro è stata una chiamata all'azione, un invito a confrontare l'ansia di petto e a non permettere che ci dominasse.

Il messaggio centrale di questo libro è di speranza e incoraggiamento. È possibile vivere una vita appagante, anche con la presenza dell'ansia. Questa non è un ostacolo insormontabile, ma una sfida che, con l'approccio giusto, può essere gestita e superata. Il percorso verso l'equilibrio emotivo e la pace interiore può iniziare con un semplice passo: cercare aiuto.

Tieni presente che non sei solo; molte persone affrontano l'ansia, e c'è una rete di supporto disponibile, da amici e familiari a professionisti della salute mentale, pronti ad aiutare. Avere il coraggio di affrontare l'ansia è un atto di autocompassione e autoinvestimento.

Il cammino può essere impegnativo, con alti e bassi, ma ogni passo che fai verso la gestione dell'ansia è un passo verso una vita più sana, equilibrata e appagante. Ricorda che l'ansia non definisce chi sei, ma è solo una parte della tua esperienza. Con determinazione, strategie efficaci e supporto, puoi ottenere un maggiore controllo sull'ansia e raggiungere una vita più significativa e felice.

Quindi, vai avanti con fiducia, cercando gli strumenti e il supporto di cui hai bisogno. L'ansia può essere una sfida, ma è anche un'opportunità per crescere, imparare e fiorire. Il tuo viaggio verso una vita più equilibrata e libera dall'ansia inizia ora.

CIRCA L'AUTORE

Leonardo Tavares porta con sé non solo il bagaglio della vita, ma anche la saggezza conquistata affrontando le tempeste che essa ha portato. Vedovo e padre devoto di una bellissima bambina, ha compreso che il viaggio dell'esistenza è pieno di alti e bassi, una sinfonia di momenti che plasmano la nostra essenza.

Con una vivacità che trascende la sua giovinezza, Leonardo ha affrontato terribili sfide, ha navigato attraverso fasi difficili e ha fronteggiato giorni bui. Anche se il dolore è stato un compagno nel suo cammino, ha trasformato queste esperienze in gradini che lo hanno spinto a raggiungere un livello di serenità e resilienza.

Autore di notevoli opere di auto-aiuto, come i libri "Ansia, Inc.", "Combattere la Depressione", "Di fronte al Fallimento", "Guarire la Dipendenza Emotiva", "Qual è il Mio Scopo?", "Sconfiggere il Burnout", "Sopravvivere al Lutto", "Superare la Rottura" e "Trovare l'Amore della Tua Vita", ha trovato nella scrittura il mezzo per condividere le sue lezioni di vita e trasmettere la forza che ha scoperto dentro di sé. Attraverso la sua scrittura chiara e precisa, Leonardo aiuta i suoi lettori a trovare forza, coraggio e speranza in momenti di profonda tristezza.

Aiuta gli altri condividendo le sue opere.

RIFERIMENTI

Barlow, D. (2022). Anxiety: The Cognitive Behavioral Approach. New York, NY: The Guilford Press.
Bourne, E. J. (2022). Anxiety and Phobia Workbook. New York, NY: New Harbinger Publications.
Burns, D. (2022). When Panic Attacks: The New, Drug-Free Way to Overcome Panic Disorder and Anxiety. New York, NY: Houghton Mifflin Harcourt.
Goldin, P. R., & Gross, J. J. (2022). The Mindful Path to Self-Compassion: Freeing Yourself from Negative Thoughts and Emotions. New York, NY: Guilford Press.
Hofmann, S. G., & Smits, J. A. (2022). The Anxiety and Phobia Workbook: A Cognitive-Behavioral Therapy Approach to Overcoming Anxiety and Phobias. New York, NY: Guilford Press.
Leahy, R. L. (2022). The Worry Cure: Seven Steps to Stop Worrying and Start Living. New York, NY: Basic Books.
Levine, B. D. (2022). Anxiety Disorders: A Guide to Treatment and Prevention. New York, NY: W. W. Norton & Company.
Mcdonagh, B. (2022). The DARE Response: How to Overcome Anxiety, Panic, and Worry in 7 Weeks. New York, NY: New Harbinger Publications.
Weekes, C. (2022). Anxiety Toolkit: A Practical Guide for Managing Anxiety and Panic Attacks. New York, NY: HarperOne.
Williams, M., Penman, D., & Kabat-Zinn, J. (2022). Mindful Way Through Anxiety. New York, NY: The Guilford Press.

LEONARDO TAVARES

Ansia, Inc.

www.ingramcontent.com/pod-product-compliance
Lightning Source LLC
LaVergne TN
LVHW041808060526
838201LV00046B/1179